고객을 불러오는 **10억짜리**

세일즈 레터 &
THE ULTIMATE SALES LETTER
카피라이팅

600만 자영업자/마케팅/세일즈맨 필독서

THE ULTIMATE SALES LETTER, 4TH EDITION
Copyright ⓒ 2011 by Daniel S. Kennedy
Published by arrangement with Adams Media, an F+W Media, Inc. Co.
All rights reserved.

Korean Translation Copyright ⓒ 2014 by Ritec Contents
Korean edition is published by arrangement with Adams Media, an F+W Media, Inc. Co.
through Imprima Korean Agency

이 책의 한국어판 저작권은 Imprima Korea Agency를 통해
Adams Media, an F+W Media, Inc. Co.와의 독점계약으로 리텍콘텐츠에 있습니다.
저작권법에 의해 한국 내에서 보호를 받는 저작물이므로
무단전재와 무단복제를 금합니다.

고객을 불러오는 *10억짜리*

세일즈 레터 &
THE ULTIMATE SALES LETTER
카피라이팅

600만 자영업자/마케팅/세일즈맨 필독서

댄 케네디 지음 | 안양동 · 서지현 옮김

 차례

프롤로그　　　　　　　　　　　　　　　　　　　　　　　　　10

CHAPTER 1　작성하기 전 준비하기

작성하기 전에 해야 하는 것　　　　　　　　　　　　　　　　15
작성하는 요령은 독학으로도 익힐 수 있다　　　　　　　　　　17
작성하면 할수록 쉬워진다　　　　　　　　　　　　　　　　　20

CHAPTER 2　작성 순서

단계 1　**고객을 '제대로' 이해한다**　　　　　　　　　　　　　23
　　저자 특별제작 '시장분석과 프로파일링의 10가지 예리한 질문'　25
　　읽는 사람에게 가장 중요한 것은 무엇인가?　　　　　　　　28
단계 2　**제공하는 것을 '제대로' 이해한다**　　　　　　　　　35
　　상품/제안(제공하는 것)의 특징과 이점을 리스트로 만든다　　36
　　숨겨진 이점을 찾아내 어필한다　　　　　　　　　　　　　37
단계 3　**불리한 점을 고백하고, 결점은 감추지 않고 알려준다**　42
　　결점을 드러낸다—매출 달성의 첫걸음　　　　　　　　　　42
　　반응이 없는 이유를 찾아라　　　　　　　　　　　　　　　43
　　불리한 점을 인정하면 '신뢰'로 이어진다　　　　　　　　　45
단계 4　**무사히 배달되게 한다**　　　　　　　　　　　　　　47
　　무슨 이유에서인지 우편물이 배달되지 않는 경우가 있다　　48
　　봉투의 겉모습이나 디자인을 궁리한다　　　　　　　　　　51
　　보통우편으로 할 것인가? 대량우편으로 할 것인가?　　　　55

우표로 할 것인가? 요금별납 도장으로 할 것인가?	55
수신인은 손으로 쓰거나 잉크젯으로 인쇄한다	56
헷갈리게 꾸민다	56
무시무시한 마크	57
무게감 있게 정성을 들인 디자인	57

단계 5 세일즈 레터에 눈길이 가게 한다 — 59
쓰레기통으로 직행하는 것을 피한다	59
봉투를 '사적인 서신'처럼 보이게 꾸민다	61

단계 6 읽게 만든다 — 64
'귀찮다!'에서 '고맙다!'로	64
빈칸 채우기 식의 헤드라인과 그 사용 예	68
경영자나 경영간부에게 보낼 때 유의사항	76
광범위한 소비자들을 대상으로 보낼 때 주의사항	77
통신판매를 할 경우의 주의사항	78
전문직의 서비스를 판매할 경우의 주의사항	79

단계 7 가격 딜레마를 극복한다 — 80
사과와 귤을 비교한다	80
양으로 승부한다	82
지급한 대가를 설명하면서 제안을 전개한다	84
전체보다 개개의 가치를 강조한다	85
가격을 숨긴다	88
가격을 도외시하게 만드는 세 가지 공식	89
공식 1: 문제 제기 → 부추기기 → 문제 해결	90

공식 2: 예측하기	96
공식 3: 승자그룹과 패자그룹	101

단계 8 필승 카피라이팅의 테크닉과 작전을 음미한다 — 104
실제로 사용하는 테크닉은 한정되어 있다 — 104
테크닉 1. 서두르게 만든다 — 106
테크닉 2. 투자수익률(ROI)을 설명한다 — 110
테크닉 3. 자존심에 호소한다 — 112
테크닉 4. 확실히 보증한다 — 114

단계 9 최초 초안을 작성한다 — 122

단계 10 전략적인 관점에서 다시 작성한다 — 124
효과적인 장문 카피라이팅의 비밀 — 125
효과에 대한 검증이 끝난 재작성 가이드라인 — 127
계속 고개를 끄덕이면서 읽어나가게 한다 — 137
각 페이지 마지막 부분에서 읽는 사람을 궁금하게 만든다 — 138

단계 11 문체를 가다듬는다 — 140
읽기 쉽게 만들면 보다 많은 사람이 읽을 수 있다 — 140
첫 번째 단락은 헤드라인의 연장선이다 — 141
재미있게 만든다 — 143
상대방의 오감 전체를 공략한다 — 145
임팩트가 강한 말이나 표현을 사용한다 — 145
자신의 개성을 편지에 반영한다 — 147

단계 12 질문, 거절에 대답한다 — 148
왜 그렇지 않은지 그 이유를 설명한다 — 148

단계 13 지금 바로 행동할 수 있도록 자극한다 — 153
'내일 해야지'의 해결책! 지금 바로 반응하게 만드는 7가지 방법 — 154

단계 14 추신에 대해 궁리한다	163
추신을 사용해 읽는 사람을 자극한다	163
단계 15 체크리스트를 확인한다	165
단계 16 그래픽 처리를 한다	167
세일즈 레터를 숨 쉬게 한다	167
독자 만들기	169
얼마만큼이 과한 건가?	171
카피 코스메틱스의 27가지 필수 요소	171
단계 17 감정을 담아 다시 작성하고, 냉정하게 편집한다!	182
세일즈 레터에 감정을 담는 방법	182
부품회사의 무미건조한 경영자가 작성한 자극적인 세일즈 레터	185
과감하게 다듬는다	190
단계 18 초안과 샘플을 비교한다	192
단계 19 사전 테스트를 한다	194
비용을 들이지 않는 사전 테스트	194
사람들의 무지함을 과대평가해서 실패한 사람은 없다	198
단계 20 편지를 마지막 형태로 만든다	201
본 게임 직전!	201
단계 21 그래픽 처리를 변경한다	202
세일즈 레터 이외의 동봉물에도 신경 쓴다	202
단계 22 한 번 더 편집한다	203
이를 악물고 편집한다	203
단계 23 샘플을 시험발송한다	205
세일즈 레터 한 세트를 자기 앞으로 발송한다	205
단계 24 냉정해진다	207

단계 25 **다른 사람의 의견을 듣는다**	209
전문가의 의견을 구한다	209
의견을 서로 나눌 수 있는 동료를 만든다	210
단계 26 **마지막으로 재검토를 한다**	212
단계 27 **인쇄한다**	213
변경은 정말로 부득이한 것에 한해서만 한다	213
주도권을 잡는 것은 어디까지나 '자기 자신'	214
단계 28 **발송한다**	216
특정 계층에게 보낼 때 팁	216
극히 제한적인 타깃에게 발송	217
대량발송을 성공시키는 팁	219
여러 가지 접근방법	221
단계 29 **때로는 아웃소싱이 답이다**	222
프로 카피라이터를 언제, 어떻게 고용해야 할까?	222

CHAPTER 3 광범위하게 사용할 수 있는 비즈니스 툴

사용법 1. 가능성이 큰 가망고객을 모집한다	227
사용법 2. 텔레마케팅을 지원한다	229
사용법 3. 가게방문을 촉진시킨다	231
사용법 4. 입소문을 촉진시킨다	233
사용법 5. 현재의 고객과 과거의 고객에게 신상품과 새로운 서비스를 알린다	237
사용법 6. 통신판매에 이용한다	239
사용법 7. 구매한 다음에 안심하도록 만들어 환불을 줄인다	241
사용법 8. 공사 구분 없이 모든 종류의 통신문이나 커뮤니케이션에 활용한다	247

CHAPTER 4 **10억짜리 세일즈 레터의 비결
—'연속'과 '반복'의 효력**

기간을 설정해 집중적으로 시도한다	251
비결—연속된 세일즈 레터를 작성한다	258

CHAPTER 5 **하이테크 세일즈 레터**

온라인으로 판매할 수 있는 세일즈 레터 작성하기	262
Web Writer 팁 #1: 상대를 알라	264
Web Writer 팁 #2: 큰 혜택을 잘 보이도록 앞에 놓아라	266
Web Writer 팁 #3: 레이아웃과 디자인에 주목하라	268
Web Writer 팁 #4: 콜투액션(Call-to-Action)에 각별히 주의를 기울여라	270
Web Writer 팁 #5: 수정하고, 테스트하고, 반복하라	272

 프롤로그

새로운 무기
'세일즈 레터'를 장착하라!

인터넷 시대를 살고 있는 현재, 컴퓨터와 스마트기기의 보급이 거의 일반화되면서 책이나 신문을 종이 형태로 읽기보다는 모니터와 스마트기기를 더 많이 들여다봅니다. 편지세대, 이메일세대를 넘어와 이제는 트위터, 페이스북 등의 SNS를 이용해 지인의 안부도 확인하고, 새로운 친구도 사귀지요. 이렇게 쉬워졌지만 너무 많은 정보 속에서 지금 당장의 업무상 필요에 의한 것이나 관심분야가 아니면 클릭해 보지도 않습니다.

손 편지나 엽서를 보내는 일은 이미 진부한 이야기입니다. 하지만 아무리 시대가 변해도 '편지쓰기'는 결코 간과할 수 없는 기본 중의 기본입니다. '편지쓰기'는 각종 SNS를 하기 위한 기본적이고 본질적인 요소이

 고객을 불러오는 10억짜리 세일즈 레터 & 카피라이팅

자 소통의 정석이기 때문이지요. 좋은 글, 재미있는 글, 감동적인 글은 항상 관심을 받고 이슈가 됩니다.

단골가게의 매니저에게 손 편지를 받아 SNS에 자랑한 지인을 보았습니다. 엄청난 공감과 부러움이 담긴 댓글을 보고 난센스한 일이라는 생각이 들었습니다. SNS에서 손 편지를 보게 되다니요. 과연 무엇이 이들의 마음을 사로잡은 것일까요? 그것은 바로 색다른 감동입니다. 과거에는 흔했지만 이제는 귀해진 손 편지는 쓰는 사람의 개성을 담을 수 있어 경쟁력을 갖추게 된 것입니다. 자신만의 또 다른 무기를 장착하게 된 것이지요.

세일즈맨이라면 말 몇 마디를 이익으로 바꾸어낼 수 있어야 합니다. 거기에 세일즈 레터는 좋은 무기가 되어 줄 것입니다. 세일즈 레터는 첫째, 새 고객을 찾아주고 그 고객들이 여러분에게 구매로 연결될 수 있는 기회를 줄 것입니다. 둘째, 기존 고객들과의 연결을 지속시키고 더 많이 구매하도록 만들어 줄 수 있지요. 셋째, 떠났던 고객들을 다시 돌려놓아 여러분에게 한 번 더 구매할까 고민하게 만들어주기도 합니다.

특히 부자영업 마케팅을 담당하는 사람들에게 아날로그 편지는 주요한 발판이 되어줄 수 있습니다. 부자들은 이미 대량우편이나 뻔한 마케팅에는 별다른 감흥을 느끼지 못합니다. 일반적인 방법으로는 그들의 감성을 터치할 수 없지요. 이들을 설득하려면 자신의 열정과 노력을 담은 '진짜' 편지로 진심을 보여주어야 합니다. 그렇게 정성을 쏟은 아날로그 편지는 10억짜리 가치를 지니게 되며 효과적인 나만의 마케팅 툴로 자리 잡게 됩니다.

저자는 직접적으로 말합니다. "아이디어나 글 쓰는 순서에 겁내지 마세요. 마법이나, 천재성이나, 대학교 학위가 필요한 게 아니거든요."
〈고객을 불러오는 10억짜리 세일즈 레터 & 카피라이팅〉은 세일즈 레터 작성과 세일즈 레터의 힘을 극대화하는 시스템을 알려줍니다. 그리고 고객을 매료시키는 방법과 세일즈 스킬을 증대시키는 방법도 들어있습니다. 또한, '세상에서 가장 다재다능한 세일즈 도구'를 통해서 이윤을 남기는 최강 비결, 기법, 전략을 선사합니다.

마케팅/세일즈 분야 베스트셀러 〈VIP 금융영업 개척으로 승부하라〉 저자
리텍콘텐츠 대표(www.ritec.co.kr) 김 창 수

CHAPTER 1.
작성하기 전 준비하기

성공은 자신감에 의해 크게 좌우됩니다. 필요한 절차는 모두 이 책에 준비해 두었습니다. 하지만 가장 중요한 것은 우선 이 책을 모두 읽고 나서 단계에 따라 세일즈 레터를 준비하고 발송하는 것까지 실행해 보는 것입니다.

SALES LETTER & COPYWRITING

작성하기 전에 해야 하는 것

효과적인 세일즈 레터를 작성하는 요령은 누구나 익힐 수 있다고 확신합니다. 위대한 소설이나 요리책, 동화 또는 뮤지컬 각본을 쓰는 재능에 대해서 말하고 있는 게 아닙니다. 다음과 같은 두 가지 이유 때문에 그것이 가능하다고 굳게 믿습니다.

첫째, 여러분의 사업, 상품, 서비스, 고객에 대해 다른 누구보다도 잘 알고 있는 사람은 바로 여러분이기 때문입니다. 그 정도의 지식을 얻는 것은 매우 어렵지요. 그 지식만 있다면 작성하는 것은 간단합니다.

만약에 저를 비롯한 다른 프리랜서 카피라이터가 세일즈 레터를 작성하고자 한다면 우선 작성하기 전에 그만큼의 지식을 얻기 위해 엄청난 시간과 노력 그리고 에너지가 필요합니다. 하지만 아무리 노력해도 여러분이 직접 비즈니스를 하면서 체득한 깊은 지식과 경험에서 빚어진 직관적인 통찰력하고 완벽하게 같은 능력을 얻을 수는 없습니다. 이것은 대단한 강점이며 이 책을 읽고 있는 여러분은 이미 그것을 갖추고 있습니다.

둘째, 경험에 비춰볼 때 누구라도 틀림없이 익힐 수 있기 때문입니다.

저는 대학 문턱을 밟아보지도 못했습니다. 그렇다고 해서 광고대리점에서 인턴으로 일하면서 베테랑 선배들로부터 카피 작성 요령을 배우고, 회사에서 단계적으로 승진한 것도 아닙니다.

  카피를 작성해서 돈을 번 것은 고등학교 3학년 때였으며, 2년 뒤에는 저만의 광고대리점을 열었습니다. 광고와 관련하여 경험도 없고 아무런 교육도 받지 않은 상태에서의 출발이었습니다. 다만 누구라도 할 수 있는 다음과 같은 것들을 했을 뿐입니다.

1. 세일즈 레터 작성 관련 서적들을 구하여 닥치는 대로 읽고 곁에 두면서 안내 자료로 활용했습니다. 아직도 이 책과 같이 체계적이고 실천적인 책이 있었더라면 좀 더 좋지 않았을까 라는 생각은 하지만 당시나 지금이나 좋은 책은 많이 있습니다.
2. 자신의 통찰력, 직관력, 관찰력과 상식을 믿습니다.
3. 판매와 의사소통에 대해 이미 알고 있는 것(그리고 새롭게 알게 된 것들)을 문장으로 바꿔서 판매와 의사소통을 하였습니다.
4. 광고, 다이렉트 메일(DM), 세일즈 레터 샘플들을 수집해 방대한 규모의 '아이디어 파일'을 만들었습니다. 편지를 작성하는 데 독창성은 그다지 필요하지 않습니다. 아이디어, 테마(주제), 단어와 표현들을 잘 활용해서 그것들을 다시 조합하기만 하면 충분합니다.

작성하는 요령은 독학으로도 익힐 수 있다

저는 이 분야에 대해 제대로 된 교육이나 훈련을 받지 못했지만 많은 고객은 물론 저를 위해 수천 개나 되는 인쇄 광고, 세일즈 레터를 생각해냈으며 그 **성공률은 90% 이상이었습니다**. 그 대부분이 저보다 훨씬 숙련된 '프로'가 작성해 최고의 반응을 얻고 있는 세일즈 레터들과 비교해 테스트를 받은 결과 제가 작성한 것이 승리를 거둬왔습니다.

한번은 한 회사로부터 자기들이 이미 사용하고 있는 것과 비교해서 어느 쪽이 더 효과적인지 비교를 해볼 테니 세일즈 레터를 써달라는 부탁을 받았습니다. 상대는 3~4위 안에 손꼽히는 프로 중의 프로 카피라이터였습니다. 그 고액의 살벌한 카피라이터를 상대로 경쟁해 완승을 거두었습니다. 결코 저의 자랑을 하자는 것이 아니라 누구나 얼마든지 할 수 있다는 것을 알려드리기 위해 말씀드리는 것입니다. 여러분도 충분히 할 수 있습니다.

그리고 여러분의 목적을 달성하기 위해 저와 같은 전문 카피라이터들이 필사적으로 익힌 수준의 기술까지는 필요 없습니다. 저는 직업적으로 다른 프로 카피라이터가 작성한 세일즈 레터를 능가하는 것들을 생각해내야 하지만 여러분이 작성하는 세일즈 레터는 프로 카피라이터들과 경쟁해야 하는 일은 없을 테니까요.

이 책의 초판을 출판하고 나서 지금까지 수천 가지 '성공담'이 담긴 편지를 받아오고 있습니다. 이 책을 지침서로 삼아 제로 상태에서 세일즈 레터를 작성하여 바라던 성과를 이룬 다양한 업종의 대표자와 판매업에 종사하는 사람들에게서 오는 편지입니다. 그 가운데는 숙련된 영역까지 도달해 전문 컨설턴트나 프로 카피라이터가 된 사람들도 있습니다.

성공은 자신감에 의해 크게 좌우됩니다. 필요한 절차는 모두 이 책에 준비해 두었습니다. 하지만 가장 중요한 것은 우선 이 책을 모두 읽고 나서 단계에 따라 세일즈 레터를 준비하고 발송하는 것까지 실행해 보는 것입니다.

시작하는 데 도움이 될 만한 몇 가지 자세를 소개합니다.

- 1. 글을 써야 한다는 생각과 그 절차에 대해 두려워하지 않아야 합니다. 세일즈 레터를 작성하는 데 마법이나 재능, 고학력 학위는 필요 없습니다.
- 2. 비즈니스, 상품, 서비스, 고객에 관해 당신이 가진 지식의 가치를 확실히 인식합니다. '고객에 관해 알고 있는 것', '상품에 관해

알고 있는 것' 등을 리스트로 만들거나 정보카드에 기록해 두면 도움이 됩니다.

- 3. 참고할 만한 좋은 아이디어나 샘플들을 모아 '아이디어 파일'에 정리해 둡니다.
- 4. '파는 것'에 대해 생각합니다. 판매에 관한 성공체험이 이미 있다면 더할 나위 없이 좋습니다. 세일즈 레터를 작성하는 일은 엄마, 아빠, 아이, 강아지와 함께 거실에 앉아 청소기를 파는 것과 크게 다르지 않습니다. 만약에 '판매한다는 자각'이 없다면 지금 바로 익히면 됩니다! 판매에 관해 도움이 되는 책을 읽어도 좋습니다. 세일즈 레터는 문장을 통한 판매행위임을 잊지 마세요.
- 5. 무조건 작성합니다. 처음부터 끝까지 작성하려고 애쓸 필요는 없습니다. 카피의 단편을 몇 개 정도 기록해 보는 것으로 충분합니다. 훌륭한 세일즈 레터는 결국 잘라 붙여 만들어진 것이 대부분입니다. 우선 작성하세요.
- 6. 완벽주의에 빠지지 마세요. 목적을 달성하기 위한 대부분의 비즈니스에서 완벽한 세일즈 레터가 아니더라도 충분히 성과를 올릴 수 있습니다. 제공할 수 있는 가치 있는 것이 있고 고객에 대해서 제대로 알고 있는 상태에서 이 책의 가이드라인을 따른다면 반드시 효과적인 세일즈 레터를 만들 수 있습니다.

설득력이 있는 훌륭한 세일즈 레터를 작성하는 사람들은 컴퓨터 앞에 앉기만 해도 멋진 문장이 술술 나온다고 생각하시지요? 물론 없지 않지만 대부분의 사람은 그렇지 않아요. 세일즈 레터를 작성하는 프로들의 대부분은 철저한 준비를 하고 있습니다. 물론, 여러분도 할 수 있구요.

작성하면 할수록 쉬워진다

작성하면 할수록 힘들지 않게 된다를 반드시 기억하세요. 지금은 어렵지 않게 해내는 일이라도 이전에는 어려웠던 것과 같습니다. 불안감이 자신감으로 바뀌고, 어려웠던 일이 쉬워지며, 하지 못했던 것을 할 수 있게 되는 변화는 평생을 통해 몇 번이고 반복해서 체험하는 일들입니다.

그 과정이야말로 인생에 의미를 부여해 주며 지루함과 허탈함 그리고 우울함을 예방해 줍니다. 건전한 자존심이 길러지며, 몸에 좋지 않은 것을 상용하거나 파괴적인 일탈로 치닫지 않아도 됩니다.

세일즈 레터를 작성하는 것도 마찬가지이지만, 어떤 기술이든 새로운 능력을 익히게 되면 다른 일에 대해서도 더욱더 자신감을 가질 수 있도록 자연스럽게 바뀝니다. 즉, 효과적인 세일즈 레터를 작성하는 능력은 개인은 물론 회사에도 중요한 자산이라는 점을 알게 될 것입니다.

CHAPTER 2.
작성 순서

목적은 바로 이해하는 것에 있습니다. '역지사지'라고 할 수 있지요. 상대방을 설득하여 흥미를 갖게 하고 구매하도록 만들기 위해서는 그 상대방에 대해서 이해하는 것이 절대적으로 필요합니다.

SALES LETTER & COPYWRITING

SALES LETTER & COPYWRITING

단계 1.
고객을 '제대로' 이해한다

"사람의 마음은 그 사람과 같은 경험을 해보지 않으면 알지 못한다."

참으로 좋은 말입니다. 국회의원에게 매년 2주일 정도 중소기업 경영을 맡겨 월급을 지급하는 데 온갖 고생을 하게 하거나 엄청난 양의 공문서를 작성하는 등의 일을 체험하게 한다면 우리의 사는 모습이 좀 더 나아질지도 모릅니다. 어쩌면 빈민가에서 생활하게 한다면 국민의 삶이 더 좋아질 수도 있겠지요.

마찬가지로 매년 1주일 정도 농장에서 일을 해 보게 한다면 농민들이 안고 있는 문제 가운데 몇 가지는 해결될 것입니다. 경영상태가 좋은 회사라고 하더라도 고위 경영진들에게 고객들의 민원전화를 정기적으로 받게 하거나, 고객만족도 카드를 읽게 하거나, 방문고객을 직접 응대하는 기회를 갖게 하는 것이 필요합니다.

그렇게 하는 목적은 바로 이해하는 것에 있습니다. '역지사지'라고 할 수 있지요. 상대방을 설득하여 흥미를 갖게 하고 구매하도록 만들기 위해서는 그 상대방에 대해서 이해하는 것이 절대적으로 필요합니다.

얼마 전에 주택 담보대출 관련 상품을 판매하는 TV 통신판매 대본(세일즈 레터의 영상판이라고 할 수 있음)을 작성하였습니다. 대본에 따르면 탤런트가 거실로 걸어가면서 이렇게 말합니다. "평균적인 가정에서는 ……". 그런데 제작자가 이 대사를 촬영한 곳은 그랜드 피아노가 가운데에 턱 하니 자리를 잡은 하얀 카펫이 바닥에 깔린 거실이었습니다.

그야말로 현실적이지 못했습니다! 물론 대부분의 마케팅 담당자가 고객이나 가망고객에 대해 이 정도로 심하게 인식의 차이를 보이지는 않지만, 고객을 이해할수록 성공의 가능성도 커진다는 것을 반드시 기억해야 합니다. 제가 주최하고 있는 '카피라이팅 비법 세미나'에서는 특별히 제작한 고객이나 가망고객에 관한 질문 리스트를 제공하고 있습니다. 그 리스트를 자료 1에 정리하였습니다.

저자 특별제작 '시장분석과 프로파일링의 10가지 예리한 질문'

자료 1 시장분석과 프로파일링의 10가지 예리한 질문

- 1. 고객이 안고 있는 밤잠을 설치고, 소화불량에 걸릴 정도로 걱정스러운 문제는 무엇인가?
- 2. 고객은 무엇에 대해 불안감을 느끼고 있는가?
- 3. 고객은 무엇에 대해 그리고 누구에 대해 분노하고 있는가?
- 4. 고객이 매일 느끼는 불만 가운데 가장 큰 세 가지는 무엇인가?
- 5. 고객의 비즈니스 혹은 생활에서 지금의 트렌드와 앞으로 전개될 트렌드는 무엇인가?
- 6. 고객이 남몰래 가장 열망하고 있는 것은 무엇인가?
- 7. 고객이 의사결정을 하는 데 있어서 특유의 경향이 있는가? (예; 기술과 관련된 직업 = 매우 분석적 등)
- 8. 고객이 사용하고 있는 전문용어가 있는가?
- 9. 비슷한 것을 판매하고자 하는 사람은 나 이외에 누가 있으며, 그들은 어떤 식으로 판매하고자 하는가?
- 10. 비슷한 것을 판매하고자 시도한 사람은 누구이며, 그들이 실패한 원인은 무엇인가?

즉, 세일즈 레터를 작성하는 순서 가운데 첫 번째인 단계 1은 고객을 철저히 분석하여 이해하고 관계성을 갖는 것입니다.

고객이나 가망고객에 관한 인구통계학 자료나 기타 통계 자료를 직접 모으거나 인터넷을 통하여 많은 자료를 모을 수 있을 것입니다. 세일즈 레터를 받는 수신인의 나이나 수입, 취미, 정치적 경향은 물론, 어쩌면 무슨 잡지를 읽는지 하는 사소한 것들까지도 알고 있어야 합니다. 가능하다면 그러한 자료를 넘어 수신인의 '느낌이나 생각'을 직접 확인할 수 있다면 더욱 좋습니다. 아무런 자료도 없고 우편번호만 가진 경우라면 우편번호에 해당하는 지역을 날짜를 바꿔 몇 번 정도 찾아가 거기에 사는 사람들의 분위기를 파악해 보세요. 법인을 상대로 하는 마케팅이라면 수신인 모임에 참석하거나 업계 소식지를 읽어보기 바랍니다.

지난 20여 년 동안 세일즈 레터를 작성할 때에는 막스웰 몰츠 박사가 개발한 시각화 방법을 활용해 왔습니다. 몰츠 박사는 베스트셀러 〈성공의 법칙(Psycho-Cybernetics)〉의 저자입니다. 예를 들면 '마음속의 무대(Theater in Your Mind)'와 같은 방법을 이용해 자기가 쓰는 편지를 받아보는 사람을, 바로 눈앞에서 무언가를 생각하고 느끼며 돌아다니고 이야기도 하는 살아 숨 쉬는 한 사람의 개체로 시각화합니다.

그리고 그 사람의 하루를 떠올려봅니다. 어떤 식으로 하루를 시작할까? 직장에 도착해서 가장 먼저 하는 일은 무엇일까? 우편물은 이미 분류가 된 상태로 받아보는가? 아니면 이미 개봉된 상태인가? 미해결 서류 케이스에서 받아보는가? 아니면 누군가가 전달해 주는가? 언제 받아보는가? 어디에 서서 또는 앉아서 편지를 읽을까? 읽으면서 무언가 다른 것을 생각하고 있을까? 건성으로 훑어보는 걸까? 걱정거리나 불만, 남몰래 간직한 소망이나 즐거움은 무엇일까? 이런 식으로 상상의 날개를 펼쳐가면서 **자신이 작성한 세일즈 레터를 받아볼 사람이 되어 보는 것이지요. 이렇게 하다보면 상대방의 생각이나 반응을 예상할 수가 있습니다.** 만약 이러한 지식이나 경험이 없다면 반드시 익혀야만 할 것입니다!

저는 제가 잘 알고 있는 유형의 가망고객만을 대상으로 한 세일즈 레터를 작성하는 것을 원칙으로 삼고 있습니다. 만약 잘 알지 못하는 사람을 대상으로 작성하게 된다면 편지를 받아볼 사람들과 같은 정도의 지식을 습득해야 합니다.

언젠가 부동산중개업자들을 대상으로 세일즈 레터를 써야 했습니다. 하지만 당시에 부동산업계에 대해서는 너무도 생소해서 일반적인 사람들 정도의 지식밖에 없었습니다. 그러한 제가 어떻게 했을까요?

공립 도서관에 가서 부동산중개업자들이 구독하고 있는 과거에 발행

된 업계 소식지를 하나하나 찾아 읽었습니다. 그리고 부동산 관련 서적도 몇 권 구매해서 읽어보았지요. 대형 부동산 프랜차이즈가 컨벤션을 위해 제가 거주하고 있는 지역에 와 있다는 사실을 알게 되었을 경우에는 컨벤션이 열리는 호텔 로비나 바를 어슬렁거리면서 사람들이 나누는 이야기를 귀동냥했습니다. 이렇게 해서 제 힘으로 제가 마치 실제로 부동산중개업자가 된 것처럼 이미지화할 수 있을 정도가 되었습니다.

편지를 받을 사람과 자기 자신을 중첩하는 이 작업을 하게 되면 자신이 작성하는 세일즈 레터를 받아보는 상대방이 무엇을 바라고 있는지를 판단하기가 쉬워집니다. 그러고 나서 바라는 바의 우선순위가 높은 것부터 작성하기 시작하면 됩니다.

읽는 사람에게 가장 중요한 것은 무엇인가?

한 세일즈맨과 관련된 일화가 있습니다. 체구가 작은 노부인에게 신형 주택난방기계를 판매하려고 했을 때였습니다. 열 출력이나 구조, 보증, 서비스 등 설명해야 할 것들에 대해 전부 다 얘기하고 나자 노부인이 물어왔습니다. "한 가지 질문이 있는데요. 그 기계는 나 같은 늙은이라도 불을 지필 수가 있나요?"

　컴퓨터를 사러 갈 때마다 컴퓨터 매장에서도 이와 같은 잘못이 반복되는 것을 몇 번이고 본 적이 있습니다. 판매원은 자기들한테 중요한 것은 모두 저에게 설명을 하지만, 정작 저에게 무엇이 중요한가에 대해서는 시간을 갖고 차분히 알아보려고 하지 않습니다.

　세일즈 레터를 작성할 때에는 더욱더 이러한 잘못을 저지르기 쉽습니다. 작성하고 있는 동안 수정을 할 수 있는 힌트를 주는 고객으로부터의 피드백을 전혀 받지 못하기 때문이지요. 그러므로 **고객에게 중요한 것은 무엇인가를 사전에 정확하게 판단해야만 합니다. 그리고 판매자가 아닌 고객의 우선사항에 대해 작성해야 합니다.**

　한번은 관절염재단이 주최하는 24시간 성금 모금 TV 방송을 위해 기업을 대상으로 한 모금 편지를 작성해 줄 것을 부탁받았습니다. 다른 비영리단체가 모금을 의뢰하기 위해 기업을 대상으로 한 편지를 어떻게 작성하고 있는지 조사해 보았는데 모두가 같은 실패를 겪고 있었습니다. 이유를 분석해 보니 무엇을 위해 성금이 필요하며, 어떻게 사용할 예정인지 그리고 자금이 얼마나 부족한지 등 단체에 필요한 중요내용은 세세하게 언급하고 있지만, 기부하는 측에게 중요한 사항(기부했을 때의 혜택 등)에 대해서는 전혀 언급하지 않고 있었습니다.

그래서 사업주나 경영간부 입장에 서서 이러한 훌륭한 자선단체들의 부탁을 받고 있는 장면을 그려보면서 다음과 같이 자문해 보았습니다. "만약에 기부를 한다면 나에게 가장 중요한 것은 무엇일까?" 그리고 생각해낸 것이 다음의 리스트입니다.

1. 기부한다면 나와 회사에는 어떤 이점이 있는가?
2. 나를 제외한 다른 어떤 곳이 기부하고 있는가? (나의 판단은 타당한가?)
3. 기부금을 어떻게 조달하면 좋을 것인가? (얼마를 기부할 것인가? 이 기부금을 마련하기 위해서는 어떤 경비를 줄여야 할 것인가?)

이 리스트를 염두에 두고서 작성한 것이 바로 예 1의 편지입니다.

> **예 1 기부금을 모금하는 세일즈 레터**
>
> _____ 마케팅 담당 이사
> _____ 님
>
> 귀하의 회사는 **매우 효과적으로 TV에 노출할** 수가 있습니다. 그 비용은 통상 비용의 절반 또는 그 이하이거나 심지어는 하나도 들지 않습니다! 실제로 가능합니다.

고객을 불러오는 10억짜리 세일즈 레터 & 카피라이팅

저희 재단이 매년 개최하고 있는 「**관절염재단 24시간 성금 모금 TV**」는 채널 10번으로 옮겨 회사의 규모를 막론하고 모든 사업주분들에게 프로그램의 스폰서가 될 기회를 폭넓게 그리고 보다 유연하게 다양한 범위로 제공하고 있습니다.

작년에도 많은 법인 스폰서가 매우 적은 비용 혹은 완전 무료로 참가하셨습니다. 종업원들과 고객을 함께 참여시킨 모금 관련 이벤트와 캠페인을 통해 자금을 모금했기 때문입니다. 예를 들면, **어떤 대기업에서는 몇 가지 '종업원 캠페인'을 펼쳐 5만 달러가 넘는 기부금을 모금하였으며, 어느 중소기업은 '볼링 마라톤'을 열어 종업원과 그들의 가족이나 친구들로부터 5천 달러를 모금했습니다. 이들 회사 모두가 24시간 성금 모금 TV를 통해 크게 보도되었습니다.** 더구나 올해는 더 큰 기회가 있습니다!

'스폰서 프로그램'에는 여러 가지 유형이 있습니다. 다른 회사와 경쟁하지 않고 단독으로 스폰서를 확보할 수도 있습니다. 스폰서는 항상 기부를 접수하는 전화 접수처나 유명인 사회자들이 게스트들에게 인터뷰를 하는 인터뷰 구역, 현수막, 그 밖에도 많은 장면에서 필요합니다. 게다가 1~2분간의 '영상 발표 기회'(회사 소개)도 있습니다. 어느 경우에든 귀사를 대표하는 분께서 이 프로그램에 출연할 수 있습니다. 후원을 위한 모금활동을 위해 벌이는 종업원 이벤트나 그 밖의 캠페인 방법에 대해서도 저희 재단에서 도와드립니다. 이 정도 조건이라면 참가를 고민하실 필요가 없습니다.

스폰서로서 지역사회에 대한 귀사의 배려도 보여줄 수가 있습니다. 시청률은 상황에 따라 다르기는 하지만 때로는 전 세대의 35%를 넘을 경우도 있습니다! 관절염은 누구에게나 발병할 수 있는 힘겨운 퇴행성 질환 가운데 하나입니다. 많은 사람에게 큰 관심사일 수밖에 없습니다. 게다가 저희 관절염재단은 기부금을 (조직의 잡다한 경비가 아니라) 연구나 교육에 적절하게 활용하고 있다는 점에서 훌륭한 실적을 갖고 있습니다. 관절염에 대한 치료법은 이제 곧 가까운 장래에 밝힐 것입니다. 이를 위해 도움을 주실 것을 부탁합니다!

채널 10번에서 「24시간 성금 모금 TV」를 방송함으로써 그 우수한 프로그램 제작 능력과 인기 연예인들의 참여, 예고편 광고 등의 이익을 누리시게 됩니다. 이 「24시간 성금 모금 TV」는 「NBA 농구」 직전과 직후에 수차례씩 방송되기 때문에 저희 프로그램의 시청률도 당연히 오를 것이라고 예상하고 있습니다. 게다가 생방송으로 진행되는 이 지방방송 도중에 할리우드의 유명한 배우를 기용한 「전국판 24시간 성금 모금 TV」 프로그램의 일부도 물론 방송이 될 것입니다. 이러한 이유로 예전에 없던 높은 시청률을 보일 것임이 틀림없습니다.

지방과 전국에서 다음과 같은 회사들이 스폰서로 참가하고 있습니다. 귀사도 함께 참가하시지 않겠습니까? Thrifty, Sears, Allstate, Greyhound, Prudential, Procter & Gamble.

정리를 해 보면 귀사에는 다음과 같은 기회가 있습니다.

1. 훌륭한 자선활동을 지원할 수가 있습니다.
2. 효과적인 TV 노출과 선전이 가능합니다.
3. 현재 예산을 거의 혹은 한 푼도 사용하지 않고 이익을 모두 누릴 수가 있습니다—저희 재단이 귀사 사원들과 함께 모금활동을 할 것입니다!
4. 빠른 시일 안에 문의해 주시면 단독 스폰서의 가능성도 있습니다.
5. 저희 재단 직원이 모든 것을 하나하나 도와드릴 것입니다.

지금 바로 전화 주세요. 직접 찾아뵙고 다양한 '표준 스폰서'의 내용에 대해 설명해 드립니다. 그런 다음 귀사에 있어 최선의 참가방법을 같이 연구할 것입니다. 물론 이것은 의무사항은 아니며, 강요하는 일도 아닙니다. 다만 상담해 보시면 귀사에 더할 나위 없이 좋은 조건을 찾아낼 수 있을 것입니다.

부디 잘 검토해 보실 것을 부탁하는 바입니다.

관절염재단 24시간 성금 모금 TV 프로그램위원장

Joel L. Beck

JLB/va

이 레터는 Dan Kennedy와 애리조나 주 24시간 성금 모금 TV 전 위원장 Joel Beck의 허가를 받아 게재하였습니다.

반응은 불과 0.5%였지만 유력한 몇몇 회사가 새로운 스폰서가 되어 주었으며, 그중에는 1만 3천 달러를 기부해 준 곳도 있었습니다. 이 새로운 한 회사의 기부금 덕분에 그 해의 24시간 성금 모금 TV 방송의 모든 경비의 절반을 충당할 수 있었습니다.

이 프로젝트의 고위 관계자 모두가 이러한 편지는 전혀 효과가 없을 것이라고 굳게 믿고 있었습니다. 그때까지의 경험으로는 무리였기 때문이지요. 하지만 비용 대비 효과 측면에서 생각해 본다면 이 재단이 지금까지 시도해 본 것들 가운데 이번 모금이 가장 성공적인 모금활동이었습니다.

그렇다면 이 레터가 성공하고 이전의 다른 레터들이 실패한 원인은 무엇일까요? 그것은 바로 편지를 보내는 사람의 관심사가 아니라 받아 보는 사람의 관심사에 단도직입적으로 초점을 맞췄기 때문입니다!

가망고객이나 고객, 의뢰인은 누구인지, 그들은 무엇을 바라고 있는지를 제대로 확인해야만 합니다. 그렇지 않으면 다른 모든 노력이 헛수고로 끝납니다.

SALES LETTER & COPYWRITING

단계 2.
제공하는 것을 '제대로' 이해한다

편지를 읽는 수신인의 입장에서 생각하기와 마찬가지로 판매하려는 상품이나 서비스에 관해서도 제대로 이해하고 있어야 합니다.

어떤 상품을 판매하려는 편지를 작성하고자 한다면 우선 그 상품을 구해서 고객의 입장이 되어 사용해 보거나, 만져보거나, 시험해 보거나, 분해한 다음에 다시 조립해 보거나, 경우에 따라서는 세일즈맨처럼 사람들 앞에서 설명해 봐야 합니다.

어떤 서비스를 판매하려는 편지라면 가능한 한 그 서비스를 직접 이용해 보는 것입니다. 또한, 실제로 이용하고 있는 사람들이나 경쟁 상대의 서비스를 이용하고 있는 사람들의 이야기를 들어보는 것도 좋습니다.

특별한 제안과 관련된 편지라면 그 제안에 대해서 최대한 분석을 해야 합니다. 다른 사람한테 테스트를 해 보고 나서 그 사람이 제안을 제대로 이해하고 있는지 흥미를 보이는지 여부를 확인해야 합니다.

상품/제안(제공하는 것)의 특징과 이점을 리스트로 만든다

저는 자주 정보카드 한 장에 한 가지 항목씩 적습니다. 그렇게 하면 전부 작성하고 나서 섞은 다음 중요도에 따라 정보카드를 분류할 수 있습니다. 한 장의 종이에 리스트를 만들기보다 이 방법을 선호합니다. 만든 카드들을 사무실 게시판에 핀으로 위에서 아래로 붙여놓기도 하는데 그러면 작성하는 도중에 다른 카드들을 쉽게 훑어볼 수 있습니다.

본질적으로는 브레인스토밍*과 같습니다. 상품에 관한 선전물이나 상품 자체, 나아가 경쟁회사의 광고나 선전물도 힌트로 삼아 혼자서도 할 수 있습니다. 혹은 관계자들이 모여서 해봐도 좋습니다. 어떤 경우든지 생각나는 모든 특징과 이점을 열거하고 중요도에 따라 정리합니다.

---

* 브레인스토밍(brainstorming): 창조적 집단 사고를 일컫는 말이다. 무엇에 대해 여러 사람이 자유로운 토론으로 자기 생각을 제시하고 창조적인 아이디어를 끌어내는 일이다.

'특징과 이점'이라고 말한 것에 주목하세요. 설명하다 보면 상품이나 서비스를 사용하면 어떤 이점이 있는지 말하는 것을 잊고 특징만 열거할 가능성이 매우 높습니다. 저는 평소에 "사람은 어떤 것(상품이나 서비스)을 사는 것이 아니라 그것이 제공해 주는 것을 사는 법입니다"라고 고객에게 지나칠 정도로 강조합니다.

숨겨진 이점을 찾아내 어필한다

여기서 고급 카피라이팅의 비결을 하나 소개해 드리겠습니다. 친구인 테드 니콜라스가 알려준 '숨겨진 이점'을 활용하는 방법입니다. 테드는 잡지나 신문에 실린 다이렉트 리스폰스 광고와 세일즈 레터에 관한 실용서적을 스스로 판매하고 있으며, 그 매출은 총액 2,000억원이 넘습니다.

그는 그 수입 덕분에 비교적 젊은 나이에 은퇴하여 스위스에 거주하고 있습니다. 그는 무엇보다 문장을 이용한 판매수완이 매우 뛰어납니다. 테드는 곧잘 숨겨진 이점이라고 부를만한 것들을 찾아내 그 점을 강조합니다. 이것은 널리 알려진 이점이나 쉽게 떠오를 법한 이점이 아니라 고객에게 있어서 매우 중요한 이점을 말한다는 뜻입니다.

한 가지 실례를 들어보겠습니다. 뉴멕시코 주의 산타페에 본거지를 둔 고객발굴 교육기관(Prospecting & Marketing Institute)의 최고경영책임자인 파멜라 엘렌과 저는 파멜라의 고객인 생명보험업계의 경영간부들과 대리점을 상대로 수일간의 세미나를 실시하고 있었습니다.

세미나 주제는 보험세일즈맨을 리쿠르팅하는 새로운 방법에 관한 것이었습니다. 참가자들은 한사람당 상당히 비싼 참가비를 지급하였고 그 중의 상당수는 아주 먼 곳에서 찾아왔으며, 주제도 자신들에게 매우 중요한 것이었지요. 그런데도 세미나 쉬는 시간에 모두의 이야깃거리는 그날 세미나가 끝나고 난 저녁부터 다음 날 아침 세미나가 시작되기 전까지 어디에서 골프를 칠까에 관한 것뿐임을 깨달았습니다. 그들에게 있어서 골프를 치러 필드에 나가는 것이 그 무엇보다도 중요한 일이라는 것을 파멜라와 저는 마음에 깊이 담아두었던 것이지요.

이 일을 계기로 파멜라가 작성하여 자기회사에서 발행하는 업계 소식지에 게재한 것들 중에서 가장 효과 있는 광고가 완성되었습니다. 헤드라인은 '보험세일즈맨 리쿠르팅을 자동화하면 당신은 골프를 치러 필드에 나갈 수 있습니다!' 였습니다. 광고 전체는 예 2에 있습니다.

보시는 것처럼 우리가 고안한 보험세일즈맨 리쿠르팅 시스템에 관한 광고인데, 다음과 같은 숨겨진 이점을 강조해 '보험세일즈맨을 리쿠르팅 하는 데 좀 더 적은 시간을 투자하면 되기 때문에 골프를 더 많이 칠 수가 있습니다'라고 에둘러 판매하는 것이었습니다.

예 2 숨겨진 이점을 어필하는 광고

사람을 모집하는 게 참을 수 없을 만큼 힘드십니까? 지인들한테서 끊임없이 정보를 캐내야 하는 건 이제 그만하고 싶으신가요? 오늘도 내일도 모레도 계속해서 **후보자를 찾아 헤매실 건가요?** 이 무료 보고서를 꼭 읽어 보세요. 획기적인 '마그네틱 리쿠르팅 시스템'의 비밀에 대해 알 수 있습니다.

'보험세일즈맨 리쿠르팅을 자동화하면 당신은 골프를 치러 필드에 나갈 수 있습니다!'

이미 효과가 검증된 새로운 훌륭한 시스템으로 당신이 찾아 헤매던 유능하고 의욕이 충만한 후보자를 찾을 수 있습니다.

"일요일 신문 광고 1회, 그리고 그다지 비싸지 않은 라디오 스팟 광고를 1주일 동안 했습니다. **마그네틱 리쿠르팅의 1번 공식**에 따랐던 것입니다. 그 결과 11명의 후보자와 만나게 되었습니다. 11명 전원이 자발적으로 저에게 전화를 걸어왔으며, 그중 10명은 아주 훌륭한 후보자였습니다. 약속 시간을 어긴 사람은 한 명도 없었습니다. **꼭 채용하고 싶은 사람을 한꺼번에 세 명이나 발견했습니다!** 마그네틱 리쿠르팅은 저희 대리점 내에서 엄청난 화제가 되고 있습니다. 대리점 전체가 대대적으로 리쿠르팅을 활발하게 진행하게 되었으며, **유능하고 견실한 후보자들이 스스로 찾아오고 있습니다.**"

— George K. 펜실베이니아 주

"**마그네틱 리쿠르팅을 통해 만나게 되는 후보자들은 정말 함께 일하고 싶은 마음이 저절로 들고, 업무적으로도 제대로 정착을 할 수 있는 유형입니다.** 이 시스템은 일

의욕이 충만한 유능한 후보자가 당신에게 전화를 걸어와서는 자기를 고용해 달라고 자신을 열심히 소개해옵니다. 항상 그랬으면 좋겠다고 생각하지 않으십니까? **이 일의 핵심이 무엇인지 이미 파악하고 있는 후보자가 있다면 좋겠다는 생각을 해 본 적 없으신지요?**

경제 상황이나 그 밖의 시장 상황에 영향을 받지 않는 **구인활동 프로세스를 완전히 컨트롤하고 싶다면**, 마지못해 그리고 뾰족한 수가 없어서 하고 있는 일에 종지부를 찍고 싶다면 이어지는 내용을 꼭 읽어보기 바랍니다.

후보자가 당신에게 전화를 걸어오게 하는 것은 아주 간단합니다. 마케팅의 비기(秘技)만 알아두면 됩니다.

리쿠르팅 활동이 점점 어려워지고 있다는 것은 이미 알고 계실 것입니다. 예전보다 훨씬 더 많은 사람을 만나서 이야기해야만 합니다. **리쿠르팅 활동이 실제로 즐거웠던 것은 아주 오래전의 일이지 않으신가요?** 그렇지 않다면 혹시 리쿠르팅이 잘되고 있는 정말로 운이 좋

> 관성이 있고 예측 가능하며 유능한 후보자를 모집해 줍니다. 이 방법은 이 업계에서 오랜 기간 행해져 온 주먹구구식 방법과는 완전히 다릅니다. 많은 사람 가운데서 선별할 수가 있고, 게다가 **훌륭한 인재를 몇 명이나 만나게 될 수 있는지도 예측할 수 있습니다.** 인재를 찾고 계신다면 당연히 마그네틱 리쿠르팅을 활용해야 합니다. 한 번 시스템을 만들어 놓으면 그다음에는 자동으로 후보자들이 모여듭니다."
>
> — Victor I. 캐나다 브리티시 컬럼비아 주

> "마그네틱 리쿠르팅 덕분에 면접 예정자가 18명에서 22명 정도 늘어났습니다. 게다가 지금까지 만나본 적이 없을 정도로 매우 우수한 후보자가 여러 명 있으며, 더구나 그들 모두 스스로 우리에게 전화를 걸어오고 있습니다! 유능한 기업 간부나 관리직, 은행원, 변호사나 공인회계사, 기타 업종의 판매 프로와 경영자들을 항상 만나는 나날을 보내고 있습니다. 마그네틱 리쿠르팅을 도입하고 나서 **시간을 크게 절약할 수 있게 되었으며, 프로세스 전체가 자동으로 이루어지기 때문에** 본래 해야 하는 일에 시간을 활용할 수가 있습니다. 면접을 보러 오는 사람들은 보험이나 금융서비스 상품을 판매하는 일이라는 것을 이미 이해하고 있으며, 더구나 대부분이 자기야말로 이 일에 적임자라는 점을 우리에게 적극적으로 홍보해 옵니다."
>
> — Tim M. 오하이오 주

> "**마그네틱 리쿠르팅**은 채용활동의 효율을 극대화해주며, 적성이 맞지 않는 후보자들과의 면접 시간을 최소한으로 해줍니다. 면접할 후보자가 없다는 평계는 이제 통하

은 극소수에 속하고 계신가요? 만약 그렇다고 하더라도 이 비기를 알면 리쿠르팅 활동을 더욱더 잘할 수 있습니다. 적당한 후보자가 있지 않은지 아는 사람들에게 물어보거나, 이쪽 이야기에는 전혀 흥미를 보이지 않는 사람을 쫓아다니거나, 고생한 것에 비해 성과가 거의 없는 세미나를 열거나 하는 일 등에 질리지는 않으셨나요?

실은 유능한 후보자를 많이 모집하는 것은 다이렉트 리스폰스 마케팅의 진정한 비결을 이해하는 것과 크게 관련이 있습니다. 후보자를 아무리 쫓아다녀도 의미가 없습니다. 당신이 관리직을 시작한 지 1년이 됐든 30년이 넘었든 이제 두 번 다시 말을 걸지 않아도 됩니다. 상대방이 먼저 전화를 걸어올 거니까요!

경쟁자가 이 마그네틱 리쿠르팅 기술을 이용해 당신이 찾고 있는 바로 그 후보자들을 가로채 가고 있습니다. 경험은 당신의 절반도 되지 않는데 말이지요!

비즈니스 기회, 프랜차이즈, 대리점 시스템과 같은 업계는 최근에 유례 없는 활황을 보이고 있습니다. 바로 지금 **당신이 찾고 있는 것보다 훨씬 더 많은 사람이 당신을 찾고 있습니다!**

그런데 도대체 왜 리쿠르팅 활동이 제대로 되지 않는 걸까요? 그것은 바로 모두가 같은 모임에 참가하고, 같은 강사의 이야기를 듣고, 같은 책을 읽고 있기 때문입니다. 우수한 사람들은 금방 채용되어 버리고, 우수하지 못한 후보자들만 남습니다. 현상을 타파하기 위해서는 '기존의 틀'에서 벗어나 이미 검증이 완료된 새로운 시스템을 도입할 필요가 있습니다. 항상 같은 것만 반복해서는 이미 가진 것과 다른 것은 절대 얻을 수가 없는 법이니까요.

자, 어쩔 수 없이 하고 있는 낡은 리쿠르팅 방

고객을 불러오는 10억짜리 세일즈 레터 & 카피라이팅

> 지 않습니다."
>
> — Bob K. 노스캐롤라이나 주
>
> "마그네틱 리쿠르팅은 지인 등에게 부탁하지 않고도 우수한 후보자를 모집할 수 있는 지금까지 존재하지 않던 시스템입니다. 인원을 줄이고 있는 기업의 간부나 연간 수입이 10만 달러에서 20만 달러 정도 수준의 사람들이 일상적으로 면접을 보러 찾아옵니다. 이 일의 좋은 점에 대해 우리가 설득하는 것이 아니라, 정보를 가지고 우리를 찾아내 자기 자신이 이 일의 적임자라는 점을 스스로 밝힙니다. 그야말로 한 번도 경험해 보지 못한 일입니다. 덕분에 매주 반나절 정도 시간을 낼 수 있고, 비서에게 전부 일임하고 있습니다. **제가 하는 일이란 후보자들이 걸어오는 전화를 받고 면접을 하는 것뿐입니다.**"
>
> — Saul C. 뉴욕 주

식에서 벗어나 100% 예측 가능한 새로운 시스템으로 전환해야 할 때입니다!

한 번 상상해 보세요. 당신에게 먼저 전화를 걸어오는, 이 일에 진심으로 관심을 두고 있는 후보자들과 이야기를 나눌 수만 있다면 당신의 생활은 어떻게 변할까요? 누군가 괜찮은 사람은 없는지 주변사람들한테 묻고 다니지 않아도 된다면 그것만으로도 홀가분하지 않으십니까? 이것은 결코 꿈같은 이야기가 아닙니다.

상세한 내용은 '무료 보고서'를 읽어보시기 바랍니다!

이 세상에서 가장 유능한 관리자가 된다고 하더라도 거기에 어울리는 인재들이 모이지 않는다면 조금도 기쁘지 않을 것입니다. 유능한 후보자들이 먼저 전화를 걸어오는 경이적인 비결에 대해 알고 싶으시다면 **지금 바로 전화주세요!**

무료전화 XXX-XXXX (미국, 캐나다 만 해당)으로 전화해서 24시간 대응하고 있는 '무료' 안내 테이프를 듣고서 '무료' 리포트를 입수하세요!

또는 명함에 '리쿠르팅'이라고 적어서 팩스로 보내주셔도 괜찮습니다.

팩스 번호 XXX-XXXX

SALES LETTER & COPYWRITING

단계 3.
불리한 점을 고백하고, 결점은 감추지 않고 알려준다

결점을 드러낸다 — 매출 달성의 첫걸음

"이게 무슨 소리인가?"라고 생각할지도 모르지만 상품이나 서비스, 제안의 결점을 드러내는 것은 매출 달성을 위한 큰 첫걸음이 됩니다.

결점을 인정하게 되면 편지를 읽는 상대방이 느끼는 의문이나 불인정, 염려에 대해 대처할 수 있습니다. 즉, 신용의 향상으로 이어지게 되는 것이지요.

반응이 없는 이유를 찾아라

인간이란 완전한 모순덩어리의 생명체입니다! 완벽한 제안을 하더라도 아무런 반응이 없는 경우가 있습니다. 그 이유는 무엇일까요? 유명한 전 프로야구 선수인 요기 베라로 기억하는데, 그가 이런 말을 한 적이 있습니다. "이것저것 아무리 다 해봐도 오게 만드는 것은 무리다."

사람들이 야구장에 가지 않는 이유는 여러 가지가 있습니다. 여기서 저는 다시 정보카드를 꺼내어 반응을 하지 않는 이유를 한 장에 하나씩 적어갑니다. 왜 반응을 하지 않는 것일까? 불인정이나 염려, 불안, 의문, 변명 등 모든 가능성을 생각해 봅니다.

저희 회사의 경쟁사가 통신판매를 하고 있는 어느 상품에 대해 의사와 이야기를 나눈 적이 있습니다. 그 의사에 따르면 그 회사에서 적어도 열 통 이상의 세일즈 레터를 보내왔으며, 읽어보고서 그 상품에 대해 흥미를 갖게 되었다고 합니다. 직업이 의사인 그라면 구매하는 데 특별히 금전적인 문제는 없었을 텐데 사지 않은 이유는 무엇이었을까요? 의사는 그 회사의 **제안이 너무나 그럴듯했기 때문에 오히려 상품이 의심스럽게 느껴졌다고 합니다.** 이러한 반응을 예상하고 편지의 어디에라도 그러한 의문을 풀어주었더라면 반응은 틀림없이 더 좋았을 것입니다.

전화 섹스 사업을 하고 있는 지인(고객은 아님)이 있습니다. 그 사업은 다이얼 Q2* 전화번호와 인터넷 사이트를 준비해 놓고 야한 잡지에 광고를 내고, 남성들이 신용카드로 결제하고 전화를 하거나 다운로드 하여 여성들과 야한 대화에 빠지게 만드는 서비스입니다.

솔직히 말해 품격이 있는 사업이라고는 할 수 없으며, 이것을 예로 든 것만으로도 불쾌함을 느끼는 분들이 있을지도 모르겠습니다. 하지만 이 지인이 행한 것은 훌륭한 본보기의 하나라고 할 수 있습니다. 광고에 특별한 한 문장을 보탬으로써 반응이 세 배나 높아졌다고 합니다.

여기서 잠깐 생각해 보시죠. 쉽지는 않을 수도 있지만, 상상력을 최대한 살려 이런 방식으로 기분전환을 하는데 2만원에서 3만원을 사용하고자 하는 사람들은 어떤 부류일지 그림을 그려보기 바랍니다. 어떠한 유형일까요? 쉽게 알 수 있는 것은 신용카드를 갖고 있다는 것이겠지요. 그리고 아무래도 혼자서 생활하는 것 같고, 어쩌면 사람이 그리운 것인지도 모르겠습니다. 그와 관련된 잡지도 구매할 테고요.

조금씩 생각이 떠오르시나요? '출장 중인 세일즈맨'이라고 가정해 보

---

* 다이얼 Q2: 일본의 전화정보서비스로 우리나라의 700번 서비스에 해당한다. 국번 0990이 알파벳 'Q'와 발음이 비슷하여 Q2라고 이름 붙여졌다. 일본에서는 1989년 7월부터 시행되었는데 서비스 초기 건전한 정보제공용으로 시작하였으나 나중에 폰섹스 사업으로 활용되었다.

겠습니다. 그럼 이런 종류의 '구매'를 할 때 그 세일즈맨에게 있어서 중요한 것은 무엇일까요? 하나는 비밀로 해주는 것이 아닐까요? 비자카드 명세서에 '전화 섹스' 또는 '성인사이트' 이용요금이라고 기재되어 부인이나 회사의 경리 담당자, 회계사에게 들키는 것은 그야말로 싫을 것입니다!

즉, 반응이 세 배나 높게 나오게 만든 한 문장은 이러했습니다. **"신용카드 명세서에는 〈XYZ사무용품 회사〉로 표시되기 때문에 안심하셔도 됩니다."**

이상의 예를 통해 반응이 없는 이유를 예측해 미리 대처하는 것이 얼마나 중요한지에 대해 인식하셨을 것입니다.

불리한 점을 인정하면 '신뢰'로 이어진다

어떤 상품이나 서비스, 제안에도 깊게 와 닿지 않는 부분은 있기 마련입니다. 완벽한 것은 없는 법이며, 그 사실은 누구나 알고 있습니다. 제안의 불리한 점을 인정하고 정직하게 말하면, 편지를 읽은 사람은 대개 '신뢰할 수 있다'고 평가합니다. 이것은 **'불리한 점을 인정하는 카피'**라고도 합니다. 다음의 예를 보도록 하겠습니다. 아담한 규모의 이탈리안 레스토랑이 인근 주택에 보낸 세일즈 레터의 일부분입니다.

> 만약 여러분이 턱시도를 잘 차려입고 팔에는 흰색 냅킨을 두른 웨이터, 알지도 못하는 글자들로 구성된 메뉴판, 은으로 만든 와인쿨러에서 꺼내온 비싼 와인을 곁들인 이탈리안 식당을 가길 원하신다면 저희 레스토랑은 어울리지 않습니다.
>
> 하지만 제대로 된 집에서 만든 파스타, 이탈리아인 엄마가 신선한 채소와 양념으로 만드는 그윽한 맛이 가득한 소스, 흰색 고급 테이블보 대신에 빨간색과 흰색 체크무늬의 나일론 식탁보라도 상관없으시다면 저희 식당은 분명 마음에 드실 것입니다. 와인은 레드와인과 화이트와인 단 두 종류이지만 식사 중에 무료로 무제한 제공하고 있기 때문에 마음껏 드실 수 있습니다.

이 레스토랑의 대표는 다른 식당과 경쟁하는 데 있어서 불리한 점을 역으로 이용하여, 완벽하게 '재치 있는' 이야기로 바꾸어 능숙하게 소개하고 있었습니다.

SALES LETTER & COPYWRITING

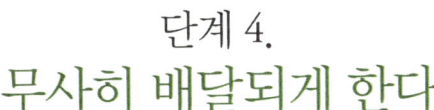

단계 4.
무사히 배달되게 한다

　세일즈 레터를 작성하는 초기 단계에 완성된 편지를 확실하게 상대방의 손에 도착하도록 하는 방법을 미리 생각해 둬야 합니다.

　어느 나라든 우편물이 배달되지 않는 문제는 상당히 심각합니다. 미국 우편공사나 아메리카다이렉트마케팅협회, 그 밖의 다른 기관에서 실시한 조사에 의하면 수신인이 제대로 적힌 제3종우편물(미국에서는 주로 인쇄물, DM, 광고에 사용) 가운데 무려 10~30%가 수취인에게 전달되지 않는다고 합니다! 제가 보기에 문제는 이보다 더 심각합니다.

　우체국 직원 가운데에는 '정크메일'처럼 보이는 편지들을 대량으로 버리거나 고의로 파기하는 사람들이 실제로 있습니다. 보내는 사람이 이러한 행동에 대항할 수 있는 최선의 방법은 봉투의 디자인과 관련이 있는데, 그 디자인은 편지의 테마나 내용에도 직접 영향을 미침을 명심해야 합니다. 그렇기 때문에 세일즈 레터를 작성하는 초기 단계에 봉투의 디자인을 결정해 둘 필요가 있습니다.

무슨 이유에서인지
우편물이 배달되지 않는 경우가 있다

  이런 일은 훨씬 이전부터 있었는지도 모르겠지만 이와 같은 터무니없는 문제를 제가 확실히 의식하게 된 것은 1987년 11월 18일자 〈LA 타임즈〉에 실린 로이터 통신 기사를 읽었을 때입니다. 제목은 이러했습니다. '우편물을 파기한 우체국 직원 유죄'

  다음은 기사내용입니다.

> 미네아폴리스 — 대량의 정크메일을 배달하는 데 신물이 난 우체국 직원이 월요일 93개의 우편물 다발을 파기하려 한 죄로 유죄판결을 받았다.
>
> 연방재판소의 배심원은 스티븐 스패너(36세)를 우편물 파기와 관련

된 세 가지 이유에서 유죄를 판결하였다. 피고에게는 금고 15년형과 75만 달러(한화 약 8억원)의 벌금이 구형되었다.

양로원 소각로에 대량의 광고와 안내장이 담긴 우편물이 배달되지 않은 채 버려져 있는 것을 수위가 발견하면서 피고는 작년에 체포되었다. 우편조사원에 따르면 피고 스패너는 우편물을 세 번에 걸쳐 파기하였으며, 함정수사를 펼친 수사관이 세 번째 범행 현장에서 현행범으로 체포하였다. 체포 당시 피고는 "버린 것은 우편물이 대량으로 있을 때뿐이었다"고 진술하였다.

기사는 이것으로 끝이지만 제 이야기는 지금부터입니다. 한 예로 한 마케팅 잡지에서는 플로리다 주 우체국 직원이 50만 통 가까운 우편물을 자신의 소유지에 있는 쓰레기장에 폐기해 유죄판결을 받은 사실을 기사화하였습니다. 폐기된 양은 많지 않지만 이 폐기행위는 제1종우편물(보통우편. 광고물 등에도 이용 가능)에까지 퍼져 있습니다.

이와 같은 기사를 읽기 전에도 간혹 이해하기 힘든 불규칙적인 패턴이 발생하는 것을 경험한 적이 있었습니다. 다른 지역에는 모두 잘 도착한 DM이 어느 특정 지역에서만 반응이 하나도 없는 경우가 있었던 것입니다.

자문해 보았습니다. "세인트루이스 주민들만이 이 제안을 싫어하는 일이 과연 있을 수 있는 걸까? 세인트루이스에서 신용카드장애라도 있었던 걸까?" 그리고 최종적으로 내린 나름대로의 결론은 제가 보낸 DM이 도착하지 않았다 라는 것이었습니다.

게다가 몇 가지 소문도 들렸습니다. 우편시스템의 속사정에 밝은 믿을 수 있는 소식통으로부터 들은 뉴욕 시 브롱크스의 '정크드롭' 이야기가 그 가운데 하나입니다. '정크드롭'이란 우체국 직원들의 은어로 괘씸한 배달부가 (산처럼 쌓인) 우편물을 배달하지 않고 아무에게도 들키지 않게 몰래 내다버리는 공유 장소를 가리킵니다. 이 경우의 정크드롭은 어느 폐허가 된 빌딩이었습니다. 배달되지 않은 채로 버려진 우편물이 쌓이고 쌓여 건물 천장까지 가득 차게 되었으며, 7월의 폭염으로 자연 발화하여 건물 전체가 갑자기 화염에 휩싸이게 되었고 이 화재로 겨우 발각된 것입니다.

그 후 2년 동안 이 문제는 업계 내부만이 아는 가십거리에서 세상 사람들에게도 널리 알려지게 되었습니다. 업계 소식지인 〈DM뉴스〉의 어느 기사는 '배달되지 않고 쓰레기통으로 직행하는 대량의 비즈니스 메일(Bulk Business Mail)'이라는 헤드라인으로 다음과 같은 상상할 수 없는 뉴스를 실었습니다.

미국 우편공사의 내부조사에 의해 수신인이 정확하게 기재된 우편물이 111개소의 우체국과 12개소의 대량우편(Bulk Mail) 취급소에서 수시

 고객을 불러오는 10억짜리 세일즈 레터 & 카피라이팅

로 파기되고 있는 일이 사실로 판명! 그 해의 조사와 전년도 조사 기간 중에 사태는 개선되기는커녕 오히려 더 악화되었다. 수신인이 정확히 기재된 우편물이 대량으로 대부분 큰 쓰레기통에 담겨 폐기되고 있는 것이 발각된 우체국은 약 8%가 증가하였다. 즉 우편배달부, 하역적재 작업 직원, 우체국장 등이 공모하여 고의로 우편물을 파기하는 경우가 늘어나고 있다는 것이다.

이 말도 안 되는 파기행위에 더해 상당량의 제3종우편물이 취급과정에서 손상을 입고 있다. 조사팀이 샌프란시스코의 대량우편 취급소를 방문했을 때 파손된 우편물이 든 바구니 22개가 '배달 구역'에 있었으며, 더욱이 4개의 바구니가 '파기'라고 분류되어 있었다. 동(同) 조사팀은 또 대량우편 취급소에서 '제3종우편물이 산더미처럼 쌓여 있는' 것을 밝혀냈다. 피츠버그에서 48,000통, 달라스에서 바구니 7개 분량이었다. 얼마나 지체되어 배달되는지는 불명확하다.

봉투의 겉모습이나 디자인을 궁리한다

예를 들면 끝이 없습니다. 사태는 그야말로 심각하지만 우편공사의 고위간부는 사과를 한다거나 어떤 조치를 취할 기색이 전혀 없습니다.

요컨대 새로운 세일즈 레터에 작성할 불후의 명문장을 떠올리기 이전에 어떻게 해야 제대로 전달될 것인가에 대해 생각해 두어야만 합니다.

대량의 제1종우편물이 폐기된 사건도 몇 건 있습니다. 요금별납인 제1종우편물로 보낸 대량의 다이렉트 메일에 반응이 전혀 없는 그야말로 도저히 이해할 수 없는 비슷한 경우들이 있었습니다. 즉, 제1종으로 보낼 거라면 요금별납 도장을 찍을 것이 아니라 가능한 한 실제로 우표를 붙이는 것이 배달될 가능성은 비약적으로 높아진다는 것인데 그것마저도 배달된다는 보장은 전혀 없습니다.

최근에 알게 된 이야기로는 우편공사는 이 문제에 적극적으로 대처하고 있으며, 고의로 배달되지 않는 건수를 줄이는 데 성공하고 있다고 합니다. 어쨌든 개선은 되고 있는 것 같습니다. 다만 배달되지 않을 가능성이 완전히 사라진 것은 아닙니다. 제 주변에도 현재 대량우편을 이용하여 수익을 올리고 있는 고객회사가 여럿 있지만, 2000년대 초반에는 중대한 고의 미배달 사건을 제가 직접 두 건 경험하였으며, 다이렉트 메일 캠페인 전체를 완전히 망친 적도 있습니다.

이 문제에서 가장 어려운 것은 다이렉트 메일이 실패하더라도 그것이 우체국이 배달하지 않아서 그렇게 되었다는 것을 영원히 알지 못할 수도 있다는 점입니다. 그렇기 때문에 우편 봉투의 겉모습이나 디자인을

 고객을 불러오는 10억짜리 세일즈 레터 & 카피라이팅

결정할 때에는 항상 이 문제를 고려하고 있습니다.

　우체국 직원을 속일 수 있는 봉투의 겉모습과 디자인을 자주 궁리합니다. 배달될 가능성이 높은 디자인은 당연히 개봉해서 읽게 될 가능성도 높겠지만, 제가 가장 관심을 갖는 부분은 우체국 직원의 허를 찌르는 것이며 이것이 저의 솔직한 마음입니다!

　그 가능성을 처음으로 알아차린 것은 그야말로 우연이었고, 결과적으로 좋은 교훈을 얻을 수 있었습니다. 최근에는 속달우편 봉투를 흉내 내는 것은 일반화되었기 때문에 아마 본 적이 있을 것이며, 몇 통 정도는 받아본 적이 있을지도 모르겠습니다. 하지만 몇 년 전, 그런 것이 아직 없었든지 아니면 있더라도 희귀했을 때에 저는 그 디자인을 한 다이렉트 메일에 차용하였습니다.

　제너럴 카세트 사라고 하는 회사 캠페인에 빨간색, 흰색, 파란색의 삼색으로 속달우편 디자인을 채택했습니다. 일러스트를 이용해 '**긴급 ─ 지금 바로 개봉하십시오!**'라는 문구도 넣었습니다. 이 다이렉트 메일은 그 회사의 거래처와 가망고객을 대상으로 대량으로 보내는 것으로 저렴한 대량우편을 이용할 예정이었습니다.

　우선 페닉스의 대량우편 취급소는 이 다이렉트 메일 접수를 거부했습니다. 저는 고문 변호사에게 전화를 걸어 그 우체국이 다이렉트 메일을 접수하도록 정부에서 지시를 내리게 해 겨우 접수할 수 있었습니다.

그 대량우편을 보낸 다음날 아침에 전화벨이 울려대기 시작했습니다. 멀게는 보스턴이나 뉴욕에서 왔는데, 즉 이 속달우편을 흉내 낸 다이렉트 메일을 우체국 속달배달부가 지난밤에 배달해 줘서 받아본 사람들로부터 걸려온 전화들이었던 것입니다! 150통을 넘는 다이렉트 메일이 속달 취급을 받아 배달되었다는 것을 최종적으로 확인할 수 있었습니다. 제가 보낸 전체 다이렉트 메일의 15%였습니다.

그 밖의 대부분도 고객의 반응 속도로 판단을 해보면 제1종우편물 취급을 받았던 것 같습니다. 그리고 거의 전부가 제대로 배달되었습니다. 그리고 실제로 82%가 반응을 보였습니다. 미네소타 주 덜루스에 있는 우체국에 8, 9통의 묶음이 도착한 것은 제가 직접 봐서 알고 있습니다. 베테랑 배달부가 그것을 보고는 중얼거리고 있었습니다. "틀림없이 새로운 유형의 속달인 것 같은데! 매번 그렇지만 아무도 나한테 알려주질 않는단 말이야. 빨리 차에 싣고 서둘러 배달해야지!"

이 체험을 통해 우체국 직원을 속여 제가 보내는 우편물이 제대로 배달되게 하는 것이 가능한 일임을 알게 되었습니다. 그 일이 있고난 다음부터 다이렉트 메일을 기획할 때마다 그때 일을 유념하고 있습니다. 여러분도 꼭 그렇게 해 볼 것을 추천하는 바입니다.

이제는 언제나 효과를 볼 수 있는 몇 가지 작전에 대해 소개해 드리겠습니다.

보통우편으로 할 것인가?
대량우편으로 할 것인가?

대량우편은 배달되지 않는 사례가 20%가 넘는다면 시도하지 않는 것이 좋습니다. 제 경험에 의하면 이런 경우는 자주 발생합니다. 보통우편 요금을 지급하더라도 수지타산이 나쁘지 않다면 그쪽이 더 낫습니다.

우표로 할 것인가?
요금별납 도장으로 할 것인가?

이 작전의 기본원리는 수신인이 배달되기를 바라는 것처럼 보이는 우편물이라면 배달부가 멋대로 버릴 확률이 낮아진다는 점에 있습니다. 우표를 붙여두면 양이 적은 우편물이라고 생각되고 결과적으로 '정크메일'이 아니라 도착되기를 기다리는 통신문으로 여길지도 모릅니다.

수신인은 손으로 쓰거나 잉크젯으로 인쇄한다

  라벨을 붙이게 되면 대량우편이라는 사실을 들키고 맙니다. 얼마 전까지 일주일에 25,000통이나 되는 봉투의 수신인을 쓰는 작업을 한 적이 있습니다. 지역의 전업주부들을 총동원하여 매주 월요일에 봉투가 든 상자를 사무실에서 건네주고는 각자의 집에 가지고 가서 성과제로 수신인을 손으로 쓰게 하고는, 수요일에 다시 가져오게 했지요. 시험해 본 결과, 반응은 이런 식의 여분의 수고를 들일 만큼의 가치가 충분히 있었습니다.

헷갈리게 꾸민다

  회사 이름이 들어가지 않은 일반 봉투를 사용합니다. 회사 이름이나 담당자 이름을 기록하지 않고 반송처 주소만 적습니다. 개봉을 서두르게 만드는 카피도 넣지 않지요. 손으로 직접 쓰거나 잉크젯으로 수신인을 인쇄합니다. 그러고 나서 우표를 붙입니다. 이렇게 하면 광고물 같은 정크메일이 아니라 보통의 편지처럼 보이게 됩니다. 즉, 성공적으로 배달될 가능성이 훨씬 높아지게 되지요. 이런 디자인으로 제1종우편물로 발송한다면 상대방에게 도착해 개봉될 가능성은 약 98%로 높아집니다.

무시무시한 마크

'감사필 배달', '증명필 배달', '의뢰하신 정보 동봉', '중요서류 동봉' 등과 같은 표현의 마크나 금색 실을 붙이게 되면 매우 효과가 좋습니다.

무게감 있게 정성을 들인 디자인

'빠른우편'의 모양을 흉내 낸 디자인은 더 이상 우체국 직원에게 아무런 영향도 주지 못하게 되었지만, 받아보는 사람들에게는 아직까지도 효과가 있는 것 같습니다. '관공서' 느낌이 강한 디자인이 가장 효과가 좋습니다.

예 3은 공화당의 대통령선거대책본부에서 보낸 자금모집을 위한 편지봉투입니다. 이런 식의 디자인이 아주 좋은 예입니다.

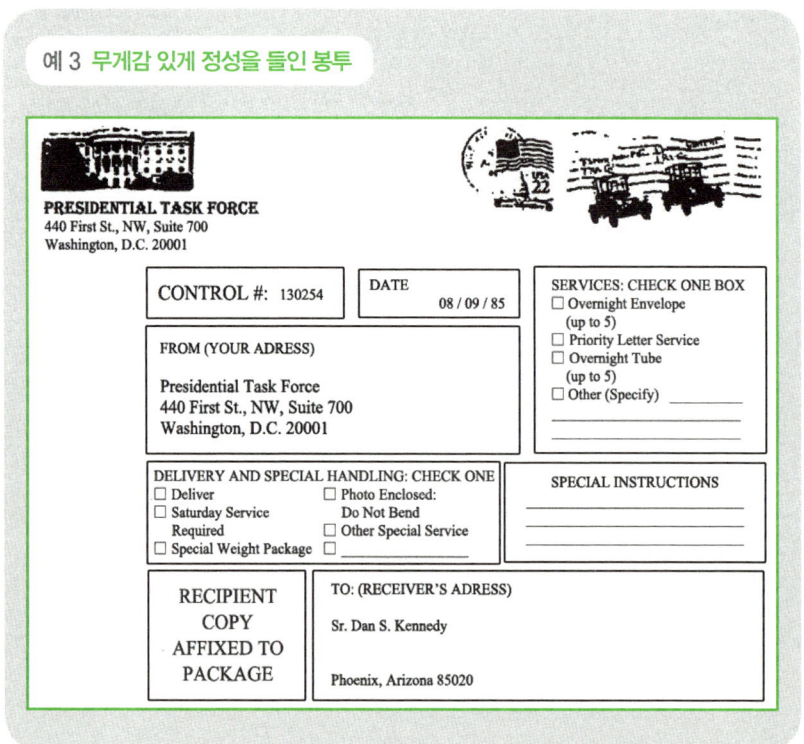

SALES LETTER & COPYWRITING

단계 5.
세일즈 레터에 눈길이 가게 한다

쓰레기통으로 직행하는 것을 피한다

　발송한 편지의 대부분이 우편시스템의 파괴행위를 벗어나 수신인에게 제대로 도착했다고 낙관적으로 가정해 보겠습니다. 그렇다면 그 다음은 무슨 일이 일어날까요?

　대부분의 사람들은 개봉도 하지 않고 우편물을 버리는 경우가 있습니다. 열어서 내용을 볼 것인가 아닌가 하는 판단은 받아본 사람의 선별을 통과해 쓰레기통에 버려지는 것을 피하고, 주목과 관심을 끄는 아주 짧은 순간에 달려 있습니다.

이 점에 대해 다이렉트 마케팅의 귀재인 개리 헐버트가 그야말로 딱 들어맞는 조언을 해 주었습니다. "세일즈 레터를 받은 사람이 우편물 뭉치를 양손에 들고 쓰레기통 옆에 서서 골라내고 있는 모습을 눈앞에 떠올려보는 것이 좋다."

이 말을 종이에 써서 벽에 붙여두면 좋을 것입니다.

> 사람들은 쓰레기통 옆에 서서 우편을 분류한다.
> 그렇지만 소비자 3명 중 2명은 온라인 카탈로그보다
> 종이 카탈로그를 더 선호한다.
>
> 출처: PitneyBowes Research

그야말로 천금과도 같은 통찰력입니다! 이렇게 생각해 보면 어떨까요? '사람들은 우편물에 대해 편견을 갖고 있다. 타인이나 지역, 책 같은 것들에 대해 갖고 있는 것과 마찬가지의 편견이다.' 불공평하고 부당하다고 생각할지도 모르지만 그것이 우리의 현실입니다.

경영자에게 보낸 세일즈 레터라면 우선 부하직원에 의해 선별된다고 보면 됩니다. 이 선별작업에서 살아남으면 이번에는 당사자가 편지 내용이 아니라 봉투만 보고는 쓰레기통 행인지 아닌지 걸러냅니다.

다이렉트 메일 마니아로 메일을 수집을 하고 있는 저마저도 책상 위

아무렇게나 쌓인 우편물을 하나하나 뜯어서 볼 수 없을 정도로 바쁠 때가 수일, 때로는 수주일 동안 계속되기도 합니다. 저는 사서함, 사무실, 자택까지 세 군데에서 우편물을 받아보고 있습니다.

바쁜 시기에는 우체국에 가서 3, 4일 동안 쌓인 우편물을 사서함에서 꺼내면 실제로 쓰레기통 쪽으로 가져갑니다. 그리고 가능한 한 많은 우편물을 개봉도 하지 않은 채로 버립니다. 나머지는 서류가방에 넣어서 집으로 가져와 나중에 읽습니다. 사적인 서신이나 중요하게 보이는 것만 그 자리에서 곧바로 개봉해 읽습니다. 사무실로 보내져 온 경우에도 대체로 비슷합니다.

봉투를 '사적인 서신'처럼 보이게 꾸민다

이렇게 하는 것이 크게 영향을 줄 수 있는 예를 하나 소개해 드리겠습니다. 저희 회사에서는 다수의 의사를 상대로 다이렉트 메일을 보내고 있는데, 수년에 걸쳐 생각해낼 수 있는 범위 내에서 최대한 많이 봉투 디자인을 실험해 오고 있습니다.

지금까지 실험한 결과 가장 효과가 좋았던 것은 '극히 평범한' 봉투로, 회사 이름은 넣지 않고 어떤 의사의 이름과 주소를 반송처로 해 놓은 것이었습니다. 이렇게 해 놓으면 직원에 의해 버려질 일도 없고, 받아본 의사도 개봉하게 됩니다. 이 다이렉트 메일과 같은 글을 좀 더 '다이렉트 메일다운' 별도의 봉투로 보낸 것을 비교해 보면 때로는 세 배나 되는 반응의 차이가 있었습니다!

소비자들의 자택으로 보내는 경우에는 또 다른 문제가 있습니다. 주관적인 관찰내용이기는 하지만 우선 대개 어느 세대나 우편물을 분류하는 것은 남성이 아니라 여성입니다. 더구나 일을 갖고 있는 바쁘기 그지없는 현대의 여성들은 이런 우편물을 그야말로 인정사정없이 취급합니다. 대부분은 햇빛도 보지 못한 채 쓰레기통으로 직행하는 신세지요.

그렇다면 어떻게 해야 수신인이 개봉할까요? 우선 우체국 직원이나 비서를 속인 것과 같은 방법으로 수신인이 봉투를 열게 할 수 있습니다. 게다가 독특한 사이즈나 색깔의 봉투라면 영향력도 있고 주의도 끌 수 있습니다.

만약 속임수를 사용하려고 한다면 잊지 말아야 할 가장 중요한 사항이 있습니다. 봉투에 쓴 것을 편지 안에서 곧바로 실행하는 것입니다. 예를 들면, 봉투 반송처에 의사의 이름을 적은 우편을 보낼 경우에는 그 의사가 보내준 작은 '메모'를 동봉합니다. 메모의 내용은 보통 이렇습니다.

> 동봉한 정보는 저에게 매우 유익한 것이었습니다. 틀림없이 선생님도 흥미를 갖게 되실 것입니다. 이 서비스를 이용해서 제가 얻은 이익을 선생님께 전해달라는 발행자의 부탁을 기꺼이 받아들였습니다. 동봉한 서류를 꼭 한 번 읽어보세요. 틀림없이 당신에게 도움이 될 것입니다.

마찬가지로 만약 봉투에 '친전'이라고 쓴다면 편지에 '사적인 서신'을 꼭 넣어야 합니다. 봉투와 편지 내용이 다르게 되면 동봉한 정보뿐만 아니라 보낸 사람의 신뢰도 잃습니다. 봉투에서 한 약속을 편지 내용에서 지킨다면 신뢰도 커집니다.

SALES LETTER & COPYWRITING

단계 6.
읽게 만든다

대면방식의 판매에서 널리 알려져 있는 법칙이 하나 있습니다. 'AIDA의 법칙', 즉 Attention(인지), Interest(관심), Desire(욕구), Action(행동)의 단계를 밟아 판매하는 것입니다. 이 법칙에 따라 편지를 수신인이 인지했다면 그 다음에는 관심을 끌 차례입니다.

'귀찮다!'에서 '고맙다!'로

날이 더운 어느 오후였습니다. 집에 혼자 있으면서 부엌 조리대 쪽에 앉아 한 손에는 아이스티가 가득 담긴 큰 컵을 들고 시외에 있는 중요한 고객과 전화 통화를 하고 있었습니다. 이때 현관 벨이 울렸습니다. 무시하고 통화를 하는데 계속 시끄럽게 울렸습니다. 또 무시했습니다. 그러자 귀찮은 불청객은 이번에는 현관문을 쾅쾅 두드리기 시작했습니다. '제기랄!' 속으로 중얼거리면서 통화를 이어가려고 애썼지요.

그런데 갑자기 뒤쪽 창문을 두드리는 소리가 들렸습니다. 상황이 이렇게 되자 이제는 누구 고집이 센지 겨루는 꼴이 되었고 저는 절대로 응답하지 않으리라 마음먹었습니다. 그러자 상대방은 또다시 현관으로 돌아와서는 문을 두드렸어요. 결국 통화를 중단하고 불청객을 쫓아버리려고 현관으로 향했습니다.

자동차를 타고 저희 집 앞을 지나가던 그 남자는 정원의 담을 따라 심어놓은 나무가 불타고 있는 것을 발견하고는 알려주려고 부단히도 노력하고 있었던 것입니다!

순식간에 상대방은 귀찮은 존재에서 고맙기 그지없는 존재로 바뀌었어요! 그 남자가 내 편이라는 점은 의심할 여지가 없었습니다. "빨리 호스를 가져오세요. 제가 소방서에 전화할 테니까요!" 이렇게 둘이 협력한 결과 집까지 불이 번지는 일은 막을 수 있었습니다.

이 남자가 귀찮은 존재에서 고마운 손님으로 순식간에 바뀌게 된 이유는 무엇일까요? 첫째, 그가 알려주려고 한 것은 촌각을 다투는 긴급

한 일이었고, 둘째, 전적으로 저에게 도움이 되는 일임을 한 눈에 알 수 있었기 때문입니다.

혹시라도 착각하는 사람이 있을 것 같아 미리 말해 둡니다. 세일즈 레터가 오기를 기대하거나 기도하면서 마냥 기다리고 있을 사람은 이 세상에 아무도 없습니다. 예고되지 않은 편지를 받은 대부분의 사람은 싫어하지요. 기꺼이 받고 읽도록 만들기 위해서는 세일즈 레터가 중요하고, 알아둘 가치가 있으며, 도움이 된다고 생각할 수 있도록 수신인에게 즉시 알려줘야 합니다. 봉투 한쪽 면에 가득히 다음과 같은 경고가 적힌 편지를 받아보았습니다.

> **경고:** 이 편지에는 읽지 않고 버리면 반응하도록 위험한 화학약품이 배어 있습니다. 쓰레기통에 버리게 되면 몇 분 안에 화학약품이 쓰레기통의 다른 성분들과 반응하여 거대한 곰이 나타나서 당신을 잡아먹을지도 모릅니다. 당신과 주변 사람들의 안전을 위해 읽지 않고 버리는 일이 없길 바랍니다.

저는 봉투의 이 부분만을 따로 잘라내서 편지는 읽지 않고 버렸습니다. 나름대로 재치 있고 재미있기는 하지만 좀 더 확실하고 거짓이 없는 방법으로 세일즈 레터를 기꺼이 읽게 만드는 확실한 방법이 있습니다. '속임수 장치'는 실패하기 쉽지만, 수신인에게 있어서 정말로 중요하고 관심이 있는 사항을 말하게 되면 성공률이 높습니다.

전달하고자 하는 사항을 헤드라인 형태로 만들어야 합니다.

물론 헤드라인은 광고에서는 쉽게 볼 수 있지만 편지에서는 보기 매우 힘듭니다. 하지만 좋은 세일즈 레터는 헤드라인이 확실히 존재합니다. 헤드라인은 인사말 앞이나 서론과 본론 사이에 넣습니다. 헤드라인 부분만 크고 굵은 글자로 만들고 뒤에 이어지는 글은 보통의 편지 모양새를 갖추면 됩니다. 아니면 'Johnson Box' 형태로 해도 좋습니다. 창시자인 Johnson의 이름을 딴 것인데 예 4의 편지에서 확인할 수 있습니다.

예 4 Johnson Box

2005년 9월 12일

ACME사 앞
대표이사 Mr. Horace Buyer 님께

―――――――――――――――――
헤드라인 위치
―――――――――――――――――

여기서부터 본문을 시작하고, 일반적인 편지 형식으로 계속한다.

여기서 가장 중요한 것은 헤드라인에서 무엇을 어떻게 말할 것인가 하는 점입니다. 이 헤드라인을 방문판매하는 세일즈맨에 비유할 수 있어요. 현관문에 한쪽 발을 집어넣고 약간의 시간을 들여 상대방의 경계심을 누그러뜨리고 관심을 끕니다. 그러면 상대방은 세일즈맨을 처음에는 귀찮은 존재로 생각했지만 결국에는 고마운 사람으로 생각하지요. 편지도 시간과 기회는 이것과 많이 다르지 않다고 생각합니다.

빈칸 채우기 식으로 헤드라인을 완성하는 패턴을 몇 가지 소개하고자 합니다. 언제나 효과가 있으며 유용하리라는 점을 보증합니다.

빈칸 채우기 식의 헤드라인과 그 사용 예

● ● ● **헤드라인 1**

> 모두가 저에게 _____ 은 무리라고 말을 했지만, 저는 결국 해냈습니다.

이 헤드라인이 효과가 있는 이유는 여러 가지가 있는데 약자에 대한 동정 심리도 그 하나입니다. 큰 장애나 타인의 조롱을 신경 쓰지 않고 성공을 쟁취해 내는 이야기에 사람들은 끌립니다. 만약 이 헤드라인이 수신인이 도전했다가 포기한 것과 관련이 있다면 성공한 사람도 수신인 처럼 의심이나 두려움, 장애를 겪었는지 알고 싶을 것입니다.

[사용 예]

- 제가 피아노 앞에 앉자 모두가 비웃었습니다. 하지만 피아노를 치기 시작했더니 아무도 웃지 않았습니다!
- 웨이터가 제게 프랑스어로 말을 걸자 모두가 히죽거리면서 보고 있었습니다. 하지만 제가 대답을 하자 그들의 눈이 휘둥그레졌습니다!

••• 헤드라인 2

당신도 _____ 을 갖고 싶지 않습니까?

개인적으로 좋아하는 형식의 헤드라인입니다. 이 문구는 편지를 읽는 사람이 아직 알지 못하는 것을 다른 많은 사람은 이미 알고 있다는 점을 강하게 암시합니다.

[사용 예]

- 연예인 몸매를 갖고 싶지 않습니까?
- 당신도 매일 한 시간만 더 있으면 좋겠다고 생각하지 않으시나요?

• • • **헤드라인 3**

_____ 을 통해 _____ 이 되었습니다.

체험해 본 사람이 경험담을 이야기하는 형식의 헤드라인입니다. 사람들은 이야기를 좋아하며, 특히 다른 사람들의 경험담을 듣고 싶어하지요. 그 차이가 극적일수록 효과가 좋습니다.

[사용 예]
- '바보라도 할 수 있는 방법'을 사용해 최고의 세일즈맨이 될 수 있었습니다.
- 지극히 간단한 아이디어로 '연간 최우수 공장장'이 될 수 있었습니다.
- 이 지역으로 이전한 덕분에 우리 회사는 1년 동안 10억원을 절약했습니다.

• • • **헤드라인 4**

당신은 _____ 입니까?

질문 형식의 헤드라인은 읽는 사람을 도발하거나 자극하거나 호기심을 부추기거나 주의를 끄는 데 효과적입니다.

[사용 예]
- 집에서 나는 냄새가 걱정되십니까?

고객을 불러오는 10억짜리 세일즈 레터 & 카피라이팅

- 상사보다 당신이 더 능력이 있다고 생각하십니까?
- 지금 비즈니스를 하고 있는데 외국기업들이 진출해 오더라도 대항할 수 있습니까?

●●● 헤드라인 5

> 나는 어떻게 _____ 했는가?

"_____ 을 통해 _____ 이 되었습니다."와 아주 비슷한 형식으로 이 헤드라인도 체험자가 경험을 이야기하는 것입니다. 이점의 위력을 문장 끝 부분에 위치시켜 말하는 사람의 성공한 모습이 강조됩니다.

[사용 예]
- 나는 어떻게 해서 세일즈를 통해 실패를 딛고 일어나 성공하게 되었는가?
- 나는 어떻게 평생 쓸 만큼의 돈을 벌고 40세에 은퇴했는가?
- 나는 어떻게 문제투성이인 회사를 개인 자산으로 인수할 수 있었는가?

●●● 헤드라인 6

> _____ 하는 방법

이 단순 명쾌한 헤드라인은 어느 이점에나 사용할 수 있습니다. '방법'이라는 단어는 헤드라인에 사용할 수 있는 용어들 가운데 가장 설득력이 있습니다.

[사용 예 1]

- 나이에 상관없이 사회보장을 받을 수 있는 방법
- 사람들을 내 편으로 만들어 움직이게 하는 방법
- 단돈 19,900원으로 텔레마케팅의 생산성을 높이는 방법

변화된 형태로, '눈에 확 띄는 표시'를 시작부분에 가져오는 방법이 있습니다. 즉, 특정 상대방에게 어필하는 표현을 집어넣습니다.

[사용 예 2]

- 매일매일 일이 쌓여 있는 관리직 여러분께. 안심하고 다른 사람에게 맡길 수 있는 방법을 소개해 드립니다.
- 바쁘신 의사 여러분께. 지금까지의 절반 밖에 되지 않는 시간에 새로운 환자를 진료할 수 있는 방법이 있습니다.
- 주식 투자자 여러분께. 단기간의 가격변동을 예측하는 방법을 알고 싶지 않습니까?

●●● **헤드라인 7**

> 당신이 _____라면 _____할 수 있습니다.

이것은 앞에서 기술한 '눈에 확 띄는 표시'의 변화된 형태입니다. 겨냥하는 상대방을 압축해 헤드라인을 만드는 방법의 하나지요.

[사용 예]

- 술을 한 방울도 드시지 못하는 분이라면, 생명보험료를 20% 절약할 수 있습니다.
- 프로야구에 밝으십니까? 그렇다면 이번 주말에 5천만원에 당첨될 찬스가 있습니다.
- 귀사에서 지금 '파트타이머'를 고용하고 계신다면 최대 1천만원의 세금을 감면 받을 자격이 있을지도 모릅니다.

●●● **헤드라인 8**

> _____의 비결(비법)

헤드라인에 '비결(비법)'이라는 단어를 집어넣으면 효과가 있습니다.

[사용 예]

- 광고업계 이단아의 비결
- 골프 챔피언 4인의 비결

●●● 헤드라인 9

> 설령 _____ 하더라도 많은 사람이(수천 명, 수백만 명) 지금 _____ 하고 있습니다.

이것은 이 헤드라인 모음의 첫 번째 샘플의 '복수형'입니다.

[사용 예]

- '서투르다'고 말하는 많은 사람이 즐기고 있습니다.
- 처음에는 반신반의했지만 지금은 200만 명이 넘는 사람들이 이 아이디어 덕분에 건강을 유지하고 있습니다.
- 많은 사람이 한 번 정도는 이 편지를 쓰레기통에 버린 적이 있지만, 현재 13만 8천 명의 동종 업계 종사자가 매달 우리 회사의 자료를 받아보고 있습니다.

●●● 헤드라인 10

> 경고: '_____'

'경고'라는 단어는 강력하면서도 시선을 끌 만합니다. 문제 해결형 세일즈 레터의 헤드라인으로 사용하기에 가장 효과적입니다.

[사용 예]

- 경고: "지금 계시는 업계의 중간관리직 가운데 2/3가 앞으로 3년

안에 직장을 잃게 될 것입니다"

- 경고: "귀사의 '기업방위'는 허점투성이일지도 모릅니다. 부채, 손실, 소송으로 개인이 책임져야 할 아홉 가지 가능성이 있습니다"

••• 헤드라인 11

> _____ 해 주신다면 _____ 하겠습니다.

어떤 판매 메시지도 결론은 같습니다. 즉, 약속한다는 것이지요. 발행자의 제안을 그대로 전달하기 때문에 정말 좋은 제안이라면 가장 효과적인 헤드라인이 됩니다.

[사용 예]

- 5일 안에 매력적인 인간이 될 수 있습니다.
- 하루 한 시간만이라도 좋습니다. 1개월 뒤에는 현지인처럼 영어를 할 수 있게 될 것입니다.
- 일곱 가지 질문만 드릴 기회를 주세요. 귀사가 광고에 상당한 액수의 헛돈을 쓰고 있다는 것을 알게 될 것입니다.

••• 헤드라인 12

> '_____' 하는 _____ 가지 방법

'_____ 하는 방법'에 구체적인 숫자를 집어넣어 충격을 줄 수 있습니다.

[사용 예]
- 신규 환자가 끊임없이 병원을 찾아오게 되는 101가지 방법
- 설비보전 비용을 대폭 절감하는 17가지 방법

지금까지 소개한 헤드라인 대부분은 연구를 통해 세일즈 레터, 카탈로그 등에서 성공한 사례이며, 직접 작성한 세일즈 레터에서 가져온 것도 있고, 새로 만든 것도 있습니다.

경영자나 경영간부에게 보낼 때 유의사항

경영자나 경영간부를 대상으로 편지를 쓸 때에는 편지가 풍기는 이미지에 특히 신경을 써야 합니다. 이러한 사람들이 중요시하고 거래하고 싶은 사람은 성공하고 있는 상대방입니다. 물론 이 경우에도 중간에 끼어드는 사람이 있어요. 편지를 버릴지 갖다 줄지를 판단하는 사람으로 안내직원이나 부하직원입니다. 따라서 다음 가이드라인을 따르는 것이 좋습니다.

- 1. 질감이 있고 약간 비쳐 보이는 고급스러운 봉투를 사용한다.
- 2. 봉투에 선전물을 가득 채워 넣지 않는다. 별도의 봉투에 카탈로그나 주문서 그리고 그 밖의 중요한 자료를 한꺼번에 넣고서 세일즈 레터와 구분하는 것도 하나의 방법이다. 이렇게 하면 프로다운 인상을 줄 수 있고 세일즈 레터에 상대방의 주의를 끌 수 있다.
- 3. 다음과 같은 단어를 사용해 세일즈 레터에 격식을 더한다.
  이전과는 상이하다 / 협회 / 매력적 / 창립위원 / 예외적 / 독점 / 개인회원 / 우선소유권 / 저명 / 한정 / 고품질 / 타협하지 않는다 / 가치 있는 / 수익

동봉물을 이용하여 격식을 높일 수도 있습니다. 플라스틱으로 된 회원카드 등은 상당히 효과가 있습니다.

광범위한 소비자들을 대상으로 보낼 때 주의사항

반드시 기억하기 바랍니다. TV 세대가 주의를 기울일 수 있는 시간은 극히 짧은 시간입니다! 차량 추격신이나 폭발, 총격전이 10초마다 나오지 않으면 시청자는 리모컨 버튼을 눌러 다른 곳으로 가버리고 맙니다.

이 조건반사적인 성급함이 세일즈 레터에도 영향을 줍니다. 읽는 사람에게 접촉해서 즉시 상대의 급소를 찌르고 그런 다음에도 계속해서 관심을 끌어야만 합니다. 재미없는 문장이 조금이라도 있다면 읽기를 멈춥니다.

　상대방을 끌어들일 장치 같은 것이 있다면 관심을 유지시키는 데 도움이 될 것입니다. 한 DM 발송 전문회사는 독자에게 일부러 우표를 붙이게 해서 응모엽서를 보내게 하는 방법을 사용하고 있는데 알고 계십니까? 스크래치 카드, 교환권, 스티커 등의 장치를 이용해 우편을 보내오도록 끌어들이는 것이지요. 그리고 소비자들을 대상으로 할 경우에는 색깔이 중요하다는 점도 기억해 둬야 합니다. 선명한 색깔을 사용하면 눈에 띄기 쉽지요. 컬러 사진도 효과가 좋습니다.

통신판매를 할 경우의 주의사항

　읽는 사람이 물품을 사는 결단을 그 자리에서 내리게 하고 싶다면 알기 어려운 서비스 내용이나 복잡한 계약을 열거할 것이 아니라 다음의 가이드라인을 따라야 합니다.

- 1. 그 물품에 만족하고 있는 고객의 소리, 경험담을 전달한다. 매출 신장에는 이것이 가장 효과적이다.
- 2. 선으로만 그린 그림이나 일러스트보다 실물 사진이 더 효과가 크다는 점을 명심한다.
- 3. 그 상품의 사용 편이성을 확실히 알려준다. 문장이나 사진, 고객의 소리를 이용해도 좋다. 어떤 방법으로든 증명한다!

전문직의 서비스를 판매할 경우의 주의사항

전문직의 서비스 판매에는 신용이 가장 중요합니다. 사실을 구체적으로 설명해 주는 기회(개업 연수, 고객 숫자, 고객 리스트 등)가 있다면 도움이 많이 됩니다. 첫 상담 무료로 하기, 참고자료 한 세트 무료제공도 좋은 아이디어입니다. 상대방의 의심과 불신의 벽을 허물 수도 있습니다. 그 서비스가 읽는 사람에게 어떻게 관련이 있는지 확실하게 설명해야 합니다. 마찬가지로 눈에 보이지 않는 서비스의 이점을 제대로 이해하도록 연구하여 알려줘야 합니다. 사용 전과 사용 후 사진이나 실제 이야기, 기타 사례를 소개하는 방법도 활용할 수 있습니다. 여러분이 제공하는 서비스의 가치를 증명하세요!

SALES LETTER & COPYWRITING

단계 7.
가격 딜레마를 극복한다

사과와 귤을 비교한다

　유능한 세일즈 프로는 고객이 구매를 결정하는 데 가격이 주요 요인이 아니라고 말합니다. 하지만 그는 이렇게도 말합니다. 비즈니스를 잘못 하게 되면 가격이 원인이 되어 판매를 하기도 전에 끝나버린다 라고.

　세일즈 레터를 작성하기 전에 어떤 방법으로 가격을 제시하고, 고객이 가격으로 받을 충격을 최소화하기 위해서는 어떤 전략을 쓸 것인가를 먼저 정해 놓아야 합니다. 물론 가격이 주요 결정 요인인 비즈니스라면 읽는 사람이 받게 되는 충격을 가능한 한 줄여줘야 좋겠지요. 이 단계에서는 가격 문제를 최소로 만드는 최상의 방법을 소개합니다.

우리가 무언가를 비교하는 데 있어서 귤을 반드시 귤과 비교해야 한다는 법은 없습니다. 가격과 관련된 내용을 우회적으로 비교하는 것이 훨씬 좋은 방법입니다.

제가 5년 동안 경영하던 출판과 통신판매 회사에서는 고가의 전문(특수)분야 오디오교재강좌를 치과의사나 척추교정사를 대상으로 판매하고 있었습니다. 오디오테이프 한 개당 가격은 당시도 지금도 20달러 정도입니다. 이 업계의 회사라면 어디든 대부분이 6개짜리 오디오테이프 한 세트에 49.95달러에서 69.95달러, 즉 테이프 한 개당 8.33달러에서 11.66달러에 판매하고 있습니다. 그런데 저희 회사 강좌는 테이프 한 개 평균 가격이 적어도 16.58달러에서 23달러나 했습니다. 제가 갖고 있는 사과 가격을 다른 곳의 사과 가격과 비교하는 것은 최대한 피하고 싶었습니다! 그래서 테이프 강좌의 가격을 그 테이프에 내용으로 담긴 복수의 세미나에 참석하는 비용과 비교를 하였습니다.

예를 들면 이런 식입니다. "이 〈개업촉진 세미나〉에 한 번 참석하기만 하더라도 참가비로 최소한 195달러, 게다가 여비와 숙박비, 일과 가족으로부터 떨어져 있는 시간을 계산해 보면 수백 달러 이상은 거뜬히 넘을 것입니다. 하지만 이 테이프를 이용한다면 세미나와 똑같은 귀중한 정보를 언제라도 형편이 될 때 들으면서 배우고, 동료나 직원들과도 정보를 공유할 수 있을 것이며 게다가 불과 95달러밖에 되지 않습니다."

이 '테이프 대 세미나'와 같은 비교, 즉 사과 대 귤과 같은 비교는 저를 비롯해 출판업계의 많은 세일즈맨이 보내는 세일즈 레터에 지금까지 사용하고 있습니다. 따라서 그 효과의 신뢰성에 대해서는 이미 검증이 끝난 것이나 마찬가지이지요. 상품이나 서비스, 제안을 하는 것이 무엇이든, 가격만 갖고서 안이하게 비교당하는 일이 없도록 방법을 찾아내야 합니다.

양으로 승부한다

흔히 양이 많은 것이 좋다고 생각합니다. 책을 판매하는 최초의 세일즈 레터에 '하버드 클래식 전집'에 관한 광고가 있었습니다. 그 편지에서는 양이 풍부하다는 것을 강조하기 위해 '엘리엇 박사*의 1.5미터짜리 책장'이라는 문구를 사용하였습니다. 저는 이 아이디어를 흉내 내 이렇

---

* 엘리엇 박사: 찰스 윌리엄 엘리엇(Charles William Eliot, 1834~1926)은 40년간 하버드 대학 총장으로 역임한 미국의 학자이다. '5피트 책꽂이'라고도 불리는 하버드 클래식 전집은 엘리엇 박사가 하버드 대학 총장 재직시절 엄선한 도서이다. 고전을 꾸준히 읽으면 정규 교육을 받지 않더라도 인문적 소양을 갖출 수 있다는 평소의 신념이 담겨 있다.

게 편지를 썼습니다. "이 책 세 권만으로도 6kg이 넘는 정보가 담겨 있습니다. 따라서 자택까지 배송료만 2만원정도 듭니다!"

저의 고객 가운데 케네디 이너 서클(현재 명칭은 그레이더 케네디 이너 서클)의 플래티넘 회원이 있는데, 최근에 자기가 쓴 세일즈 레터에 이 아이디어를 강조하였습니다. "따라서 대형 슈퍼에 가서 가장 큰 책장을 사두실 것을 권합니다. 왜냐하면 돈벌이 정보가 그득한 책과 매뉴얼, 강좌를 트럭 한가득 무료로 전달……."

책이나 강좌, 구독접수 등 정보 관련 상품을 판매하는 경우라면 양이 아주 많다는 것을 알리는 방법의 하나로, 1,001가지(이런 식으로 크고 구체적인 숫자) 정보를 리스트로 만들어 상품에 담는 방법이 있습니다. 유명 출판사에서는 이미 사용하고 있는 방법이지요.

판매하는 것이 설령 다른 형태의 상품이라 하더라도 기본은 마찬가지입니다. 예를 들면, 극히 평범한 사과를 판매하는 편지를 작성한다고 가정하겠습니다. 단순하게 '하루에 한 알의 사과면 의사가 필요 없다'는 식으로 쓰는 게 아닙니다. 사과에 함유된 비타민과 미네랄을 모두 써놓고 그것이 건강에 어떻게 좋은지를 전부 열거합니다. 그리고 다른 식품을 통해서 같은 영양소를 섭취하거나 이점을 얻으려면 얼마나 많이 먹어야 하는지를 설명합니다. 이렇게 하면 작은 사과 한 알이라도 반드시 먹어야 할 이점과 가치가 '듬뿍' 담긴 상품이 되지요.

지급한 대가를 설명하면서 제안을 전개한다

소비자들에게는 상관이 없다고요? 없을 수도 있습니다. 하지만 상관이 있도록 만들어야 합니다.

자동화 산업 설비 기계를 판매하는 다음 두 편지의 차이점에 대해 생각해 보세요.

● ● ● **형식 1**

> 자동화되어 있어 재료의 무게를 정확히 재고, 봉투 포장, 밀봉, 상자에 담는 작업까지 모두 가능합니다. 매번 정확하게 작동합니다. 내구성도 아주 뛰어나 보수나 정비가 필요 없으므로 수만 번이고 작업을 반복할 수 있습니다.

● ● ● **형식 2**

> 우리 회사에서는 현재 산업계에서 최고 수준의 로봇공학 기술자 8명을 고문으로 맞이하여, 이 설비 기계를 설계하였습니다. 이 전문가들의 협력을 얻기 위한 비용은 일절 아끼지 않았습니다. 시제품은 실

> 제 작업환경에 설치하기 전에 6개월 이상 동작실험 테스트를 하였으며, 그 비용만으로도 10억원 넘게 들었습니다. 최종 테스트에서 1만 5천 번의 동작을 반복하여 철저하게 조사한 결과 동작은 항상 완벽했으며, 보수를 위해 기계작동을 멈출 필요는 없었습니다. 매번 정확하게 재료의 무게를 재고, 봉투 포장, 밀봉, 상자에 담는 작업까지 정확하고 어떤 오류도 없이 동작하였습니다. 연구와 품질관리에만 최소한 30억원 이상의 비용을 들였습니다. 드디어 완벽한 작업으로 확실한 도움을 주는 기계를 귀사에서도 사용할 수 있게 되었습니다.

모두 같은 기계의 같은 이점에 대해 설명하고 있는데, 가치를 부각하고 있는 것은 누가 보더라도 당연히 형식 2입니다.

전체보다 개개의 가치를 강조한다

식품박람회 같은 곳에서 사람이 많이 몰려드는 인기코너를 보신 적이 있지요? 거기에 모인 사람의 중심에는 채를 써는 도구나 부엌용 칼 세트와 같은 요리용 상품을 팔고 있는 사람이 있습니다. 사소한 장치나 부속품, 부품 하나하나가 얼마나 편리한지를 알기 쉽게 설명하는 기술은 이미 예술의 영역에 도달해 있습니다.

  이와 같은 실연판매를 통해 가격 대비 가치가 크다는 것을 강조하는 것은 효과가 절대적입니다. 이것과 같은 수법을 좀 더 복잡하게 설정해서 사용할 수도 있습니다. 예 5를 참고하기 바랍니다.

예 5

환자를 모시기 위해 우리 회사의 '완전서비스시스템 컨셉'을 이용하고 계시는 의사분들은 평균 수천 달러를 절약하고 계십니다. 이 시스템을 이용하시게 되면 다음과 같은 특전을 드립니다.

24개월 계약으로 여섯 번의 세미나에 참가할 수 있습니다

  1회 2일간 진행되는 세미나는 하시는 일을 발전적으로 변화시킬 수 있는 주제를 매번 다르게 다룹니다. 주제를 예로 들면 광고, 입소문, 재테크 등이 있습니다. 세미나에는 매번 우리 회사의 팀 트레이너는 물론 각 분야의 전문가들이 초빙 강사로 참가합니다. 만약 비슷한 주제의 세미나에 개별적으로 참가하시려면 적어도 195달러에서 395달러를 지급해야 할 것입니다. 즉, 이것만으로도 최소한 1,200달러의 가치가 있습니다.

24개월 동안 마케팅 키트를 보내드립니다

　24가지 패턴의 신문광고 샘플, 24종류의 환자를 대상으로 한 뉴스레터, 24가지의 사계절 각각에 맞는 입소문 촉진 레터 캠페인, 24종류의 병원 내 배부용 전단지 ……. 이 모두가 우리 회사 광고 전문가들과 성공한 12명의 의사로 이루어진 고문 팀, 그리고 빌 박사의 협력을 얻어 제작한 것입니다. 일반적인 광고대리점이 이것들 모두를 일일이 만들려면 청구액은 아마도 2만 5천달러를 훌쩍 넘길 것입니다!

월 1회 테이프를 보내드립니다

　매달 새로운 오디오CD와 '스텝회의 초기강좌' 4회분을 녹화한 새로운 동영상DVD를 보내드립니다. 일반적인 내용의 오디오CD와 동영상DVD 교재의 표준가격으로 말씀드리자면, 거의 2천 5백달러의 가치가 있습니다. 물론, 환자를 끌어들이는 이 전문정보에는 더 많은 가치가 있습니다!

　이상 말씀드린 전부를 합하면 손에 쥐게 되는 '현물의 가치'만으로도 최소한 32,475달러이고 실제로는 그 이상이지만, 24개월 회원이 되신다면 전부 합해 단 9,895달러! 이것뿐만이 아닙니다! 지금부터 2개월 이내, 즉 올해 안에 회원으로 가입하시면 세 가지 특별 보너스 기프트와 서비스를 드립니다. **완전 무료입니다!**

　첫 번째, 귀 병원의 통계 데이터와 재무 상황을 우리 회사 회계사와 재무상담사 그리고 의사 팀이 매달 조사를 해서 한 페이지 분량의 '조사결과와 제언 리포트'를 만들어 보내드립니다. 두 번째, 호평을 받고 있는 '지역사회에서 명성을 얻는 방법' 자가학습강좌를 보내드립니다. 오디오CD 6개, 동영상DVD 1개, 200페이지의 매뉴얼북 ……. 이 가운데에는 미국의 다른 지역에서 성공하고 있는 개업의 7명에게 물어본 실제로 효과가 있었던 홍보활동에 관한 인터뷰도 들어 있습니다. 그리고 세 번째, '연간 최우수 닥터' 콘테스트에 참가할 기회가 있습니다. 1등은 하와이 무료여행권입니다. 2등에게도 멋진 상품을 준비해 놓았습니다.

가격을 숨긴다

　이것은 비교적 새로운 수법입니다. 다양한 소비재, 서적, 구독안내뿐만 아니라 신문이나 잡지 광고, 세일즈 레터, TV 광고에도 사용되고 있습니다. 이 경우에 가격은 이런 식으로 설명합니다.

　"신용카드로 매달 단돈 19,990원씩 세 번만 지급하면 끝납니다."

　이 수법이 다이렉트 리스폰스 업계에서 '표준'이 된 것은 몇 년이 채 되지 않았는데, 수법 자체는 그다지 획기적이거나 참신하지는 않습니다. 자동차 영업 업계에서는 예전부터 사용해 오고 있습니다.

마침 제가 살고 있는 지역의 캐딜락 딜러로부터 매년 정기적으로 열리는 중고차 세일에 관한 안내장을 받아든 상태입니다. A4 용지 한 장에 모든 차의 차종과 연식, 색상, 옵션, 재고 숫자별로 나열되어 있습니다. 차는 '지급방법별'로 매달 지급하는 비용이 9만9천원인 차, 14만9천원인 차, 19만9천원인 차로 그룹이 지어져 있습니다.

가격을 도외시하게 만드는 세 가지 공식

　지금부터 소개하는 효과적인 카피라이팅의 세 가지 공식을 사용하면, 가격(그 외 여러 가지) 문제로 읽는 사람이 주저하는 일을 예방할 수가 있습니다. 이 공식이 가격문제에 적합한 이유는 바로 읽는 사람의 관심을 가격 이외의 다른 사항에 집중시키기 때문이지요.
　공식은 모두가 알기 쉽고, 다양한 비즈니스 장면에서 활용할 수 있으며, 매우 효과적입니다.

공식 1: 문제 제기 → 부추기기 → 문제 해결

흔히 이익을 얻기보다 힘들이지 않고 끝나는 쪽을 선택하는 경향이 있습니다. 이 점을 이해한다면 이 공식 1이 믿기지 않을 정도로 효과적이라는 점도 수긍하실 것입니다. 이 기본공식을 활용해 방범시스템에서부터 피부관리제품 판매까지 그야말로 모든 업계에 종사하는 세일즈맨들을 위해 압도적으로 효과적인 판매제안 시스템을 만들어 왔습니다. 136개 업종의 세일즈 레터뿐만 아니라 비즈니스를 하는 사람에게도 활용되고 있지요. 이것이야말로 지금까지 고안된 공식 가운데 아마도 가장 확실한 비즈니스 공식일 것입니다.

제1단계는 고객의 문제를 정의하는 것입니다. 이 문제는 고객이 자각하고 있을 수도 있으며 자각하지 못하고 있을 수도 있지만, 어느 쪽이든 상관없습니다. 좋은 세일즈 레터라면 그 편지를 읽는 수신인에 대해 마치 알고 있는 것처럼 쓰지 않습니다. 핵심은 편지에 문제를 확실하고 솔직하게 기술하기입니다. 수신인의 동의를 끌어내는 것만으로도 충분하지요. 중소기업 경영자들에게 세금대책과 관련된 강좌를 판매하는 편지라면, 이 부분은 극히 간결하더라도 괜찮습니다.

> 중소기업을 경영하는 당신은 정부 세금 납부 대상 1순위입니다. 세금을 내라고 하는 납세신고서가 연달아 우편으로 올 것입니다. 더군다나 이번에 시행되는 세제개편 때문에 예전에 없던 거액의 세금을 내야 할 수도 있습니다. 단, '대기업'들만 알고 있는 간단한 절세 요령을 알고 있다면 단연코 이야기는 달라집니다!

제시하는 문제가 좀 더 복잡한 경우에는 이보다 여러 가지 설명을 하고, 그 전제를 증명할 필요가 있기도 합니다. 몇 년 전에 어느 고객의 의뢰로 세일즈 레터를 많이 작성한 적이 있습니다. 그 고객은 슈퍼마켓에서 종업원이나 배달원에 의해 발생하는 절도문제 전문 컨설턴트였어요. 대부분의 슈퍼마켓 사장은 절도문제는 종업원이 아니라 고객이 훔치는 근본적인 문제라고 (잘못, 완고하게) 믿고 있기 때문에, 진짜 문제는 내부에 있다는 점을 보여주는 사실이나 통계, 사례, 그 밖의 신뢰할 수 있는 정보를 편지의 절반 정도나 사용해 증명할 필요가 있었습니다.

이것들을 통해 문제를 확실히 제기하였다면 다음에는 감정을 불어넣을 차례입니다. **제2단계는 부추기기입니다.** 즉, 편지를 읽는 사람에게 그 문제에 대한 감정적인 반응을 불러일으키는 것이지요. 분노, 꺼림칙함, 찜찜함, 불안감 등의 부정적인 감정들을 하나도 남김없이 끌어냅니다. 그리고 그것들을 부추겨 활활 타오르게 합니다! 문제를 과장하고 정말로 심각한 재난이라고 생각되도록 만드는 것이지요.

친구이자 세일즈 트레이너로 유명했던 고(故) 카베트 로버트는 이런 말을 하였습니다. "생명보험이나 묘지를 판매하고자 한다면 상대방이 죽음이 바로 코앞까지 와 있다고 확실히 인식하게끔 하여야 한다." 조금은 소름이 끼칠 수도 있지만 사실입니다.

다음은 극히 평범한 상품인 구두에 관한 세일즈 레터 가운데 부추기는 부분의 카피입니다!

> 하지만 많이 신어서 발에 익은 평범한 구두면 충분하다고 말씀하시는 분들은 소위 노년기에 접어들고 나서 다음과 같은 증상을 각오해야만 합니다. 평발 … 극심한 요통 … 골프화나 테니스화를 신을 때의 심한 통증 또는 쇼핑하면서 걷기만 하더라도 통증이 옵니다! 앞서가는 친구를 따라잡을 수 없어 좀 천천히 걸어달라고 항상 부탁해야만 합니다. 까다로운 노인네처럼 밤중에 족욕을 해봐도 그때만 좀 편해질 뿐이고, 진통제에 의지하지 않고서는 푹 잠을 잘 수 없을 수도 있습니다.

다음으로 슈퍼마켓 사장들에게 앞서 말한 절도문제 전문 컨설턴트가 보낸 편지 가운데 부추기는 부분을 소개합니다.

앞으로 자택의 커다란 창문 너머로 잘 손질된 정원의 잔디를 감상할 때에는 반드시 이 이야기를 떠올리시기 바랍니다. 제 고객인 슈퍼마켓을 16개나 소유한 사장이 들려준 이야기입니다. 마침 창문 너머로 잔디밭 앞의 도로를 건너 대각선 반대방향에 있는 50만 달러짜리 집에 새로운 이웃이 이사 오는 것을 즐거운 마음으로 바라보고 있었다고 합니다. 그런데 그 새로 이사 오는 이웃은 다름 아닌 자기 가게를 출입하는 청량음료 배달트럭 기사였던 것입니다. 그것을 알아차렸을 때 고객이 받은 충격은 말로 다 표현할 수 없을 정도였다고 합니다. 그렇습니다. 배달트럭 기사는 제 고객의 슈퍼마켓에서 훔친 물품을 내다 판 돈으로 그 50만 달러짜리 집을 샀던 것이지요!

당신은 갖은 고생을 해서 지금의 비즈니스를 구축하셨을 것입니다. 그런 당신의 가게에서 물품을 훔치고 있는 종업원이나 납품업자는 가게에 아무런 자본도 투자하지 않았을 뿐만 아니라 은행 대출문제로 걱정하는 일도 없고, 납세신고서를 작성하는 일도 없습니다. 당신이 쟁취한 성공이 바로 코앞에서 도둑맞고 있는 것입니다! 그 사실을 인정하려고 하지 않는다면 당신은 '벌거벗은 임금님'이나 마찬가지입니다.

실제로 지금 이 순간에도 당신은 뒤에서 비웃음을 사고 있습니다. 저도 그렇게 비웃던 한 사람이라 더욱 잘 압니다. 절도방지 컨설턴트가 되기 훨씬 이전에 저도 도둑 배달원이었습니다! 당신 가게에 출입하고 있는 그런 다른 배달원들이나 당신 가게에서 일하고 있는 그런 종업원들과도 공모하였습니다. 함께 몇 번이고 반복해서 도둑질했던 것이지요.

만약 여러분이 이 슈퍼마켓 체인점의 사장이었다면 얼마나 속이 뒤집힐 것 같나요? (하지만 이 컨설턴트에 대해 작성한 모든 내용은 사실이며 실제 편지에는 본인의 서명도 있습니다)

문제를 제대로 제기하고 그 문제로 감정을 충분히 흔들었다면 이번에는 읽는 사람의 머릿속에서 분노가 치밀어 올라 방을 이리저리 서성거리면서 이런 말이 나오게 해야 합니다. "지금 바로 멈추게 해야겠어! 뭔가 조처를 해야만 되겠는데 어떻게 해야 하지? 아! 무슨 좋은 방법이 없을까?" 바로 이것이야말로 컨설턴트가 원하는 바입니다.

이 결정적인 순간에 해결책을 자신 있게 제시합니다. 즉, **제3단계는 해결책,** 해답이 되는 상품이나 서비스 그리고 거기에 동반되는 이점을 확실하게 알려주는 것이지요.

이 공식 1을 활용한 세일즈 레터의 샘플 전문을 예 6에서 소개합니다.

예 6 '문제 제기 → 부추기기 → 문제 해결'형 세일즈 레터

컴퓨터 공포증을 갖고 계신 모든 분께

컴퓨터가 싫은가요?
가지고 계신 컴퓨터가 생각대로 움직여주지 않나요?
필요하다는 것은 잘 알고 있지만 두려워서 살 수 없나요?
컴퓨터 용어가 이해되지 않나요?

최근 중소기업연구소의 조사를 따르면 과거 1년간 컴퓨터를 산 사람들 가운데 74%를 넘는 중소기업 경영자들이 '돈만 날렸다'고 생각하고 있습니다. 컴퓨터가 있다면 처리할 수 있는 일이 많다, 사용법은 간단하다, 구매 후 도움에 전력을 기울이겠다 등등 구매 전에 들었던 내용들은 모두가 거짓이었다고 이야기합니다. 비싼 돈을 지급하고 산 컴퓨터가 지금에 와서는 타이프라이터로 전락하고, 심하면 구석진 곳에서 먼지를 수북이 뒤집어쓰고 있다고 대답한 경영자도 30%를 넘습니다.

만약 당신도 예상이 빗나가 실망하고 있는 이러한 컴퓨터 보유자 가운데 한 사람이라면 수천 달러 아니 아마도 수만 달러나 되는 돈을 하수구에 내다 버린 것이나 마찬가지입니다!! 경험이 풍부한 경영자가 그래도 되는 겁니까? 그래서는 안 되겠지요!

만약 처음에 열거한 문제가 원인이 되어 '컴퓨터화'에 주저하고 계신다면 … 글쎄요. 그렇다면 과연 성공하는 경영자들은 항상 머뭇거리고 있을까요? 물론 그렇지 않습니다. 당신에게 필요한 해결책은 바로 이것입니다.

저희 'PC솔루션즈'는 다음 사항을 약속드립니다.

1. 항상 알기 쉬운 말로 설명을 합니다. 어려운 컴퓨터 용어를 일절 사용하지 않습니다.
2. 귀사의 니즈를 모두 객관적으로 분석합니다. 귀사 입장에 서서 컴퓨터로 가능한 것과 불가능한 것을 알려드립니다.
3. 이미 컴퓨터와 소프트웨어를 갖고 계신 경우에는 다음 사항을 약속드립니다.

    A. 그 내용을 평가하고 곧바로 이해되도록 도와드립니다.

B. 제대로 사용할 수 있도록 최대한 도와드립니다.
   C. 종업원들에게 사용법을 지도해 드립니다.
   D. 갖고 계신 것이 귀사에 '부적절'한 것일 경우에 그것을 판매한 상대가 어디이든 상관없이, 신제품 구매를 조건으로 중고품을 사가게 하든지 교환하든지 수리받을 수 있도록 교섭해 드립니다.
   E. 필요하다면 최소한의 비용으로 프로그램을 수정하거나 추가하는 작업을 해 드립니다.
4. 만약 컴퓨터를 아직 구매하지 않으셨다면 귀사의 니즈에 딱 들어맞는 컴퓨터와 소프트웨어를 선택하도록 도와드립니다. 우리 회사는 컴퓨터와 소프트웨어 판매는 일절 하지 않습니다. 귀사 편에 서서 도와드릴 것입니다!

사용하지 못하는 컴퓨터, 불만으로 투덜거리는 직원, 분노와 좌절감 속에 계속 고민만 하실 겁니까? **지금 바로 PC솔루션즈로 전화 주세요. 30분간의 무료상담을 해드립니다. 구매할 의무는 전혀 없습니다.**

무료전화 XX-XXXX-XXXX

공식 2: 예측하기

미래를 예측하는 사람들의 말에 우리는 강하게 끌립니다. 능력 있는

PR에이전트가 이런 말을 한 적이 있습니다. "항상 매스컴의 시선을 끌면서 광고를 하는 요령은 두 가지가 있다. 예측하는 것과 도발하는 것이다"라고. 올해 슈퍼볼에서 우승하는 팀은 어디일까? 주식시장은 앞으로 어떻게 움직일 것인가? 언제 지진이 발생할 것인가? 뉴밀레니엄은 어떤 세상이 될 것인가? 등이 그 예 입니다.

존 나이스비트가 무명에서 베스트셀러 작가, 비즈니스계의 저명인사, 고액의 보수를 받는 강사, 컨설턴트, 사회평론가로서 유명해진 것도 모두가 존이 쓴 예측서인 〈메가트렌드(Megatrend)〉 덕택입니다.

한편 더그 캐시도 〈위기 종목 투자(Crisis Investing)〉를 써 예측을 발표함으로써 마찬가지로 중요한 지위를 구축했습니다. 더그의 뉴스레터 구독을 권유하는 편지는 이 예측을 잘 이용해 우선 편지를 읽게 만든 다음 뉴스레터 구독으로까지 능숙하게 연결해 가고 있습니다. 이 편지를 통해 장래에 대한 불안과 기대 양쪽 모두를 훌륭하게 조종하고 있는 것이지요.

당신이 속한 업계는 장래에 어떻게 될 것인가? 고객과 클라이언트의 입장에서 본다면? 고객의 미래를 위해 지금 도움을 줄 수 있는 일은? 고객이 자신을 지키도록 도움을 줄 수 있는 '지금 바로 눈앞에 있는 위기'는? 고객이 이용할 수 있는 기회의 싹이나 편승할 수 있는 새로운 시대의 흐름은?

예 7 더그 캐시의 세일즈 레터에 사용된 봉투

고객을 불러오는 10억짜리 세일즈 레터 & 카피라이팅

더그 캐시의
1987년 투자예측이
동봉되어 있습니다

- 현재 이미 다음 세계 대공황의 초기 단계에 진입해 있습니다. 더군다나 이전보다 훨씬 심각할 것 같습니다! 하지만 이 경제 대변동은 빈틈없는 투자자에게는 5~10배의 **이익률을 높일 수 있는** 극적인 기회이기도 합니다. (1페이지 참조)

- 전 세계 투자처 '핫 스팟'의 경이적인 리스트. (5페이지 참조)

- 80년대 후반에 수백만 달러를 벌 수 있는 3대 기회. (3페이지 참조)

- 남아프리카 문제가 확대된다면 특정 원료의 가격이 급등할 수 있습니다. (1페이지 참조)

- 자폭테러리스트가 색출 불가능한 미니 핵폭탄을 사용해 도시 전체를 인질로 삼게 되는 것도 시간문제입니다. 주된 타깃은 월가와 실리콘밸리, 기타 경제 중심지입니다. (4페이지 참조)

- 재정상 예측 불가능한 사태가 계기가 되는 대공황 이래 최대 금융 공황이 발생할 것입니다. (현재 가장 위험한 11개 대형 금융기관명을 4페이지에 올려놓았습니다)

- 다시 고금리시대가 되어 채권은 타격을 받게 될 것입니다. (4페이지 참조)

- 단기국채에 관한 특별 권고. (4페이지 참조)

- 그 밖에도 '지능적' 농장경영자로서 부자가 될 수 있는 절호의 기회가 있습니다. 실제로 1만 달러를 자산으로 운용하여 앞으로 2년 이내에 15만 달러를 만들 가능성이 있습니다. (6페이지 참조)

상세한 내용은 페이지를 넘겨 1페이지를 보시기 바랍니다.

이 더그 캐시의 편지처럼 미래를 지금 제시함으로써 읽는 사람은 강하게 끌립니다!

이 수법은 2000년 1월 1일이 시시각각 다가옴에 따라 가스발생기부터 냉동건조식품이나 금화에 이르기까지 'Y2K문제'와 관련된 모든 상품 선전에 널리 사용되면서 가는 곳마다 눈에 띄게 되었습니다. 그날이 올 때까지 수년 동안 컴퓨터 소프트웨어나 보험에서부터 냉동건조식품과 음료수까지 모든 판매 회사도 종교단체도 저술가나 출판사도 모두가 어쩌면 일어날지도 모르는 무서운 예측을 통해 방대한 이익을 챙겼습니다.

예 7에서 소개한 1987년 당시의 〈위기 종목 투자〉 뉴스레터 구독을 권유하는 편지에서 기술하고 있는 것과 마찬가지 일들이 12년 뒤인 1999년에 또다시 반복되어 사용된 것입니다.

여기서 이 반복되는 주제에 주목할 필요가 있습니다. 견고하고도 우수한 실적을 거둔 비즈니스나 세일즈 레터의 수법은 진부하거나 시대에 뒤처지지 않는 법입니다. 1950년의 세일즈 레터에서 효과가 있었던 주제라면 표현에 약간의 수정만 하면 2050년에도 충분히 효과를 발휘하게 됩니다.

공식 3: 승자그룹과 패자그룹

제가 세일즈 일을 시작하고서 얼마 되지 않았을 무렵 배웠던 '판매 표현'입니다.

> 일을 막 시작한 100명을 무작위로 뽑아서 은퇴연령이 될 때까지의 40년간을 추적 조사해 보았습니다. 사회보장국의 발표로는 이런 결과가 나온다고 합니다.
>
> 유복한 생활을 하는 것은 단지 1명이고, 4명은 경제적으로 안정되어 있고, 5명은 아직 일을 계속하고 있습니다. 일하고 싶어서가 아니라 하지 않으면 생계가 곤란하기 때문입니다. 36명이 이미 사망을 했고, 54명은 무일푼 상태입니다. 사회보장 차원의 얼마 되지 않는 수급금액, 친척이나 친구의 도움에 의지해야만 최소한의 생활이 가능합니다.
> **즉 승자그룹은 5%, 나머지 95%는 패자그룹이라 할 수 있습니다.**

이것과 기본적으로 같은 이야기들이 생명보험이나 투자로부터 부동산 구매, 방문판매회사 판매 대리권 권유에 이르기까지 모든 비즈니스에 활용되고 있습니다. 물론 저도 대면방식의 영업 현장에서 그리고 강연에서, 문장 속에서 헤아릴 수 없을 정도로 이용해 왔습니다. 이 수법은 곧바로 수신인이 주목하게 만들어 관심을 끌고 생각을 하게 만듭니다. 그리고 무엇을 판매하든지 이 승자그룹 5%에 들어가기 위한 것이라면서 제시합니다. 승자그룹이 될 것인지 패자그룹이 될 것인지를 결정하는 중요한 갈림길이라고 강조하는 것이지요.

 제가 이 자료를 배운 것도 널리 반복적으로 계속 사용하는 것이 효과적이기 때문입니다. 문제를 이해하고 나면 불안해집니다. 자기 자신이 95%의 패자그룹에 속하는 것을 두려워합니다. 자극을 받습니다. 강력하게 5%의 승자그룹에 들어가고 싶어 하지요.
 〈월 스트리트 저널(Wall Street Journal)〉은 이것을 변형한 세일즈 레터를 수년 째 사용하고 있습니다. 그 가운데서도 매우 효과가 있었던 것이 두 명의 대학 졸업생의 사례로 한 사람은 승자그룹이고, 또 한 사람은 패자그룹입니다. 차이는 승자그룹이 이 신문을 구독하고 있다는 것입니다.

 이 공식 3을 사용한 예를 소개해 드리겠습니다. 제가 직접 작성한 잔디와 원예용품을 취급하는 가게의 세일즈 레터에서 발췌한 내용입니다.

> 올봄 인근에 사는 두 사람이 각자의 정원에 잔디 씨를 뿌렸습니다. 6월이 되자 한 사람의 정원에는 파릇파릇하고 멋진 잔디가 가득 자라났습니다. 마치 최고의 골프장처럼 말이지요. 그야말로 어디에 내놔도 자랑할 만한 잔디입니다.
>
> 그런데 다른 한 사람의 잔디는 그렇지가 않습니다. 여기저기 시들어 있고 전체적으로 듬성듬성 자랐습니다. 잡초도 많이 자라고 있습니다.

왜 이런 차이가 생기는 걸까요?

이어서 이 편지는 가게 주인에 의한 '잔디 손질 상담'의 장점과 잔디 손질 전용상품, 화학비료를 판매합니다. 당시와 마찬가지로 (지리적으로 적절한 지역, 즉 교외에 있는 주택단지) 지금도 충분히 효과가 있습니다. 실제로 1998년에 어느 조경회사의 프랜차이즈 가맹점용으로 이 편지를 이용했더니 많은 가게에서 놀라운 성과가 있었습니다.

이상 소개해 드린 세 가지 공식은 하나의 세일즈 레터 안에서 단독으로 또는 같이 조합해서 사용할 수 있습니다. 적어도 하나, 아마도 세 가지 모두가 여러분의 비즈니스에 큰 도움을 줄 것입니다.

SALES LETTER & COPYWRITING

단계 8.
필승 카피라이팅의 테크닉과 작전을 음미한다

실제로 사용하는 테크닉은 한정되어 있다

비행기로 국내를 이동하던 중에 직접방문판매의 베테랑 세일즈맨의 옆자리에 앉게 된 적이 있었습니다. 그는 세계 대공황이 끝나갈 즈음에 그 일을 시작해 한 집 한 집 걸어 다니면서 진공청소기를 팔았어요. 입사하자마자 세일즈 매니저가 던져준 두툼하기 그지없는 노트에는 고객의 집 안으로 들어가는 요령을 포함해 청소기를 실연해 보이는 방법과 상담에서 성공하는 방법 등 299가지의 '세일즈 테크닉'이 들어 있었다고 합니다. 세일즈 현장에 나가기 전에는 그 책을 전부 제대로 암기했는지 테스트를 받았다고 합니다.

"299가지 테크닉 가운데 결국 몇 개 정도 사용하셨나요?"라고 물어보았습니다.

"물론 전부 시도해 보았지요. 하지만 현장에 나가 한 달이 지난 다음에는 잘 먹히는 서너 가지 정도만 사용하게 되더라고요."

저도 카피라이팅을 하면서 비슷한 경험이 있었습니다. 일을 시작했을 무렵 그야말로 수백 권이나 되는 참고도서들을 모았지요. 광고, 마케팅, 다이렉트 리스폰스, 다이렉트 메일, 메일 오더, 카피라이팅에 관한 것들로 거기에는 어마어마한 양의 제각기 다른 테크닉들이 실려 있었습니다. 그 가운데에서 몇 백 개는 시도해 보았지요. 그리고 세월이 지나자 항상, 거의 예외 없이 제일 효과가 좋았던 손에 꼽을 수 있을 정도의 테크닉만 사용하고 있습니다.

따라서 지금부터 소개해 드리는 것은 아주 귀중한 지름길입니다. 스스로 이것저것 해보고 싶은 사람은 그렇게 해도 상관없지만, 가장 빠른 길로 효과적이면서도 효율적으로 가고 싶은 사람이라면 여기에 열거한 몇 가지 테크닉만 사용해도 충분합니다. 이것만으로도 앞으로 몇 년이고 어떠한 세일즈 레터의 요구사항에도 충분히 답을 할 수 있습니다.

테크닉 1. 서두르게 만든다

대면방식의 세일즈 일을 하면서 저는 상대방을 서두르게 만드는 것이 얼마나 중요한지를 금방 인식하게 되었습니다. 로버트 링거의 베스트셀러인 〈협박을 통한 승리(Winning Through Intimidation)〉는 지금까지 읽은 비즈니스 서적 가운데서도 가장 도움이 된 책이라고 할 수 있습니다.

이 책과 저의 경험에 비춰봤을 때 고객과의 상담에서 좀처럼 결론이 나지 않는 것은 바로 나, 즉 세일즈맨에게 계약 실적이 너무나도 필요로 해서 어떻게 해서든지 성립하려고 할 때라는 점을 인식하게 되었습니다. 무슨 이유에서인지 고객은 귀신같이 그것을 알아차리고는 불안해하면서 피해버리지요. 반대로 허무할 정도로 쉽게 성립되는 상담은 계약 실적이 그다지 필요하지도 않아 성립되든 말든 별 상관없다고 생각할 때였어요. 이것을 '우위에 서다'라고 하는데, 세일즈 레터에도 충분히 들어맞는 사항입니다.

우위에 잘 서기 위한 몇 가지 방법이 있습니다.

●●● 1. 숫자에 제한이 있습니다

　조폐국, 수집품 판매업자, 진귀한 동전을 취급하는 업자들이 이 수법을 통해 큰 효과를 올리고 있는데, 물론 다른 업계에서도 사용할 수 있는 수법입니다. 저도 숫자에 제한이 있는 제안을 하면서 이런 카피를 쓴 적이 여러 번 있습니다.

> ex) …… 주문하신 편지가 저희에게 도착한 시점에 재고가 없을 때에는 접수가 불가능하므로 편지는 그대로 반송될 것입니다.

　이것은 사람의 마음을 조급하게 만듭니다!

●●● 2. 대부분의 사람이 구매합니다

　이 수법은 소위 '편승효과'를 노리고 있습니다. 이미 주류가 된 상태이며, 모두가 알고 있거나 갖고 있기 때문에 이것을 놓친다는 것은 뒤떨어진 사람이라고 생각하게 만드는 수법입니다.

> ex) …… 최근 한 달 동안 수천 명이나 되는 분들이 회원으로 가입하셨습니다. 이 안내는 극히 제한된 분들에게만 보내드리고 있습니다. 여러분들이 이 대폭할인 기회를 놓치지 않고 반드시 지금 이용하시길 바라기 때문입니다. 만약 우리 회사 전화가 통화 중이더라도 부디 포기하지 말고 다시 걸어주세요. 전화상담 직원도 특별히 증원

> 하여 모든 고객님의 전화에 가능한 한 신속히 대응할 수 있도록 노력하고 있습니다.

●●● 3. 구매하시는 건 OOO 분들 뿐입니다

어떤 의미에서 이것은 '대부분의 사람이 구매합니다'와는 반대되는 수법으로, 읽는 사람의 자부심이나 자존심을 자극합니다.

> ex) …… 물론 이 크롬웰 크리스털의 진가를 제대로 이해하실 수 있는 분들은 극히 제한되어 있습니다. 이 안내도 저희가 고심 끝에 선별한 분들에게만 보내드리고 있는데도 불구하고 반응을 보이는 분은 100명 가운데 5명 정도밖에 되지 않습니다.

●●● 4. OO가 아니면 구매하실 수 없습니다

이것은 실로 재미있는 작전입니다. 고가(100만~1천500만원 이상)의 '비즈니스와 자기개선'에 대한 자가학습강좌를 판매하고 있는 고객이 있습니다. 대개 가망고객에게는 우선 7시간짜리 준비테이프를 들려주고는 거창한 선서문에 확실히 들었다는 것을 맹세하고 서명을 하고 나서 구매할 수 있게 해주는 방법입니다. 비즈니스 스쿨을 운영하는 다른 고객은 추천장을 가져오지 않으면 입학을 시켜주지 않았습니다.

어떤 프랜차이즈 본부는 이 수법을 다음과 같은 식으로 활용하고 있습니다.

> ex) 우리 회사에서는 함께 일하실 분들을 선발하는 데 최대한 정성을 들이고 있습니다. 무료정보집은 우편이나 전화로 부담 없이 문의 바랍니다. 다만 현시점에서는 아직 희망을 그다지 많이 품지 않으시는 게 좋습니다! 우선 전부 빠짐없이 읽어보세요. 그리고 나서 자신에게 자격이 있다고 생각되시면 질문지에 상세하게 답을 작성해 보내주세요. 우리 회사 자문위원회가 심사하게 될 것입니다. 여기서 승인을 받은 분들만 개인면접을 보러 본사에 오시게 될 것입니다.

••• 5. 제한된 분들에게만 OO의 자격이 있습니다

'OO가 아니면 구매하실 수 없습니다'의 변형입니다. 아메리칸 익스프레스가 신용카드 특히 골드카드를 유치할 때 수년 동안 사용한 방법입니다. 인정받기 위해 엘리트 집단에 속하고자 하는 인간의 욕망에 어필하는 것이지요.

••• 6. 빈틈없는 신뢰성을 제시한다

세일즈맨의 신뢰성을 의심의 여지가 없을 정도로 확실히 설명하게 되면, 읽는 사람의 의구심이나 불안감 같은 것들을 없앨 수 있습니다.

> ex) 10년 동안 아메리칸 백 스쿨은 200만 명이 넘는 개인과 14만 명의

트레이너와 전문가를 지도해 왔습니다. '포춘 500'에 속한 회사도 많고, 군인 관계자들도 포함되어 있습니다.

테크닉 2. 투자수익률(ROI)을 설명한다

 기업을 대상으로 하는 세일즈 레터일 경우에는 투자수익률(Return On Investment; ROI)에 대해 언급하고 약속을 잡아 가능하다면 실제로 보여주는 것이 매우 중요합니다. 소비자를 상대로 하는 경우에도 그 상품을 구매함으로써 줄일 수 있는 수고나 얻을 수 있는 이점을 생각하면 구매비용은 공짜나 마찬가지라고 설명하는 것은 효과가 큽니다.

 투자수익률은 '금전 할인판매'와 같다고 설명할 수 있습니다. 다음과 같은 일을 하고 있다고 상상해 보세요. 1천 달러짜리 지폐(1934년 발행 중지. 1968년 유통 정지)를 원하는 사람을 대상으로 한 장당 50달러에 판매합니다. 먼저 대부분은 1천 달러짜리 지폐를 실제로 본 적이 없으므로 위조지폐라고 생각할 것입니다. 그래서 전문가를 등장시켜 진품지폐라는 사실을 증언하게 할 필요가 있습니다. 사는 사람에 따라 비자나 마스터카드를 발급받아야 할 수도 있습니다. 그 밖에도 여러 가지 궁리해야 합니다. 하지만 지폐가 진품이고 확실한 거래라는 것을 상대방이 이해하게 된다면 그다음에는 손쉽게 원하는 만큼 상품이 팔려나갈 것입니다! 투자수익률을 입증하면 이 모든 일이 가능해집니다.

투자수익률은 예상 금액으로 표시할 수가 있습니다. 예를 들면 다음의 카피가 그 경우입니다.

> 1천 명이 넘는 의사들께서 우리 회사 강좌를 수강한 결과 작년 수입이 눈에 띄게 증가하였다고 말씀하고 계십니다. 대부분 순이익이 1만 달러에서 2만5천 달러나 증가하였습니다. 1천 명이라고 하면 이것은 이미 우연이라 할 수 없을 것입니다. 당신도 이용하실 수 있고 검증이 이미 끝난 시스템입니다. 비용이 궁금하십니까? 199달러밖에 하지 않습니다. 설령 수익이 1천 달러만 늘더라도 투자수익률은 다섯 배나 됩니다!

투자수익률은 절약할 수 있는 금액으로도 제시할 수가 있습니다. 다음 카피가 그 예입니다.

> 만약 작년에 지급한 연방세가 300달러를 넘었다면 이 소식지는 적어도 150달러의 가치가 있다는 점을 약속드립니다. 더구나 불과 29달러 95센트입니다! 즉, 다섯 배의 투자수익률을 보장합니다.

투자수익률을 거창하게 약속하더라도 손해를 보는 일은 없습니다. 읽는 사람을 이런 카피를 통해 끌어들이세요.

> 설령 제가 드린 말씀이 절반밖에 맞지 않는다고 하더라도 당신 주머니에는 OO 달러를 넘는 돈이 …….

이런 식이라면 무리가 없으며 신중하고 객관적으로 타당하다는 인상을 줄 수 있기 때문에 읽는 사람들은 안심하게 될 것입니다.

테크닉 3. 자존심에 호소한다

1913년부터 1941년까지 신문에 연재된 〈존스 집안 녀석들에게 지지 마라(Keep up with the Jones)〉라는 만화가 있습니다. 그 만화에서는 유행에 뒤처지지 않기 위해 미국 사람들이 구매한 것을 모조리 늘어놓는다면 지구에서 화성까지 도달하는 튼튼한 다리가 생길 것이라고 합니다. 그렇습니다. 자존심은 건재합니다. 상품이나 서비스, 특정 단체와의 제휴 등 어떠한 제안이든 그것이 지위의 상징이라는 점을 납득시킬 수만 있다면 효과적인 세일즈 레터의 기초는 마련된 것이나 마찬가지입니다.

팩스를 보유하는 이유에는 여러 가지가 있습니다. 개인적으로 사무기기 가운데서도 팩스는 최고걸작의 하나라고 평가합니다. 하지만 팩스가 나온 지 얼마 되지 않아 아직은 생소한 기기였을 때에 어느 판매업자와 이 기기에 대해 이야기를 나누는 과정에서, 그 편리함은 더 말할 필요도 없었지만 저의 자존심이 구매를 결정하게 된 계기였다는 사실을 알게 되었습니다. 그것에 대해 판매업자와 이야기를 나누고 나서 다음과 같은 카피를 완성했습니다.

> **팩스번호를 누가 물어보더라도
> 팩스를 갖고 있지 않으면
> 어떤 핑계를 댈 생각인가요?**
>
> "저 회사는 시대에 뒤처져 있구나!"라고 고객이나 납품업자 그리고 업계 동료들이 생각하더라도 상관없습니까? 성공하고 있으며, 경험이 풍부하고, 국내 비즈니스를 앞장서는 트렌드에 정통하다는 평가를 받고 싶지 않으신가요?

이 '선전문구'는 1991년의 것입니다. 이 무렵에는 거의 모든 사무실과 많은 일반가정에 팩스가 있었습니다. 물론 이 '선전문구'가 갖는 보편성은 인식하셨을 것입니다. 최근에는 이 수법은 휴대전화나 인터넷 사이트 판매에 활용하고 있습니다. 앞으로 등장할 신기술이 무엇이든 어느 시점에서는 또다시 이처럼 '자존심에 호소'하는 방법으로 판매를 할 수 있을 것입니다. 이 수법은 단지 기술상품에만 한정되지 않습니다. 골프 클럽이나 테니스 라켓, 자동차 등에 적용한 최신 기술을 광고하고 세일즈하는 데에도 활용하고 있습니다.

테크닉 4. 확실히 보증한다

다이렉트 마케팅의 전문가들 중에는 예전보다 훨씬 더 영악해진 현대의 소비자에게 보증은 이미 시대에 뒤떨어진 것이며 그다지 효과가 없다고 단정 짓는 사람들도 있습니다. 하지만 현실을 보면 다음의 사실들이 반복적으로 증명되고 있습니다.

첫째, 보증이 있으면 반응이 늘어난다.
둘째, 보증의 내용이 좋을수록 반응도 좋아진다.

실제로 제가 본 몇 가지 조사에서도 현대 소비자들의 의심이 많은 태도는 예전에 비해 훨씬 더 강해지고 있다는 점을 확실히 보여주고 있습니다. 이것은 단지 소비자들만의 성향이 아니라 사회적인 분위기이기도 합니다. 그리고 이것은 정치가나 성직자, 프로스포츠 선수 등 한 때 존경을 받던 사람들이 실추되는 것을 수없이 목격하게 된 것이 큰 원인이라고 할 수 있습니다.

닉슨 대통령의 워터게이트 사건 이래 우리는 줄곧 의심병을 갖게 되었습니다. 올리버 노스(이란에 대한 무기밀수에 관여했던 정치가), 짐과 타미 배커 부부(종교단체 PLT의 재정 스캔들을 일으킨 목사 부부), 지미 스워거트(매춘부 스캔들로 실각한 TV전도사), 피트 로즈(야구 승부조작으로 영구 추방된 전 프로야구 선수, 감독)와 같은 사람들은 사태를 더욱 악화시켰지요. 클린턴 대통령(백악관 인턴직원과 섹스스캔들)은 이런 불에 불신이라고 하는 기름을 부었습니다.

하지만 저는 이렇게 확신하고 있습니다. 소비자들의 의심이 많은 태도는 보다 좋은 그리고 보다 설득력 있는 보증을 원하는 것이지 결코 보증을 포기하는 것은 아닐 것이라고.

이 시대의 소비자들을 대상으로 한 비즈니스의 성공사례 가운데 하나를 보면 이것을 잘 알 수 있습니다. **"갓 구워낸 뜨거운 피자를 30분 이내에 배달해 드립니다. 만약 늦는다면 돈을 받지 않겠습니다"라는 도미노 피자의 슬로건이 그렇습니다.** 마찬가지로 이 시대의 기업들을 대상으로 한 비즈니스의 성공사례로 들 수 있는 것 가운데 하나가 바로 페덱스의 슬로건으로 '절대, 확실, 익일 배달' 입니다. 지금부터 소개해 드리는 것은 세일즈 레터를 통해 보증할 경우에 사용할 수 있는 가장 효과적인 방법입니다.

●●● 1. 기본적인 환불 보증

이것은 가장 간단하고 기본적인 어프로치입니다. 어떠한 이유에서든지 구매한 것에 만족하지 못하면 반품을 받아주고, 금액을 환불해 준다고 하는 것이지요. 이 기본적인 보증을 좀 더 생생하고 독특하게 표현한다면 '만족한다' 대신에 '기뻐한다'라고 할 수 있겠습니다. 좀 더 정성 들인 표현을 사용해도 좋습니다. 다음과 같이 소박한 어프로치를 선택하는 것도 하나의 방법이지요.

> 반품하시면 전액 환불해 드립니다. 귀찮은 절차도 없고 고객님을 절대 미워하지도 않을 것입니다.

여러분이 속해 있는 업계에서 보증해 주는 곳이 드물다면 당당하게 말하세요.

> 우리 회사의 보증은 이중으로 가치가 있습니다. 다른 업체에서 보증해 주는 곳은 단 한 군데도 없기 때문이지요!

●●● 2. 환불과 프리미엄

프리미엄(무료 선물, 경품)을 제공함으로써 보증을 강화할 수 있습니다.

> 구독하시고 내용이 도움이 되지 않는다고 생각하시면 취소하세요. 전액 환불 해 드립니다. 하지만 구독신청을 취소하셔도 가죽표지로 된 시스템 다이어리는 무료로 증정해 드립니다! 그만큼 매번 가치 있는 정보를 제공해 드리고 있다는 자신이 있기 때문입니다.

●●● 3. 집요하게 말한다

보증을 강화하는 또 하나의 방법은 일부러 **집요하게** 말하는 것입니다. 같은 사항을 이중, 삼중으로 말하는 것이지요!

> 지급하신 **모든** 금액을 **완전히 100%** 환불해 드립니다.

●●● 4. 무료체험 서비스

무료체험 형태로 보증을 제시한다면 더욱 효과가 있습니다.

> 무료체험 서비스는 고객님께서 손해 보실 일은 절대로 없습니다! 만약 우리 회사의 로켓-Z 잔디깎이 기계에 만족하시지 못할 경우에는

> 90일 이내라면 언제든지 반품해 주세요. 금액을 전액 환불해 드리겠습니다.

••• 5. 보증 자체를 제안의 핵심으로 삼는다

　보증을 핵심으로 삼음으로써 세일즈 레터 전체의 효과를 높일 수도 있습니다. 금융관련 뉴스레터 발행자가 다음과 같은 세일즈 레터를 써서 크게 성공을 거두었습니다.

> 소득세 절세를 보증합니다 ― 절세를 할 수 없다면 환불해 드리겠습니다! 만약 이 소식지의 3호째까지 당신의 소득세를 줄이는 방법을 찾아낼 수가 없다면 …….

　그런데 보증의 활용은 단지 상품 판매에만 한정되지 않습니다. 많은 여행사들은 최저운임을 보증하고 있으며, 복사기 회사는 일정 시간 이상의 고장은 없다는 점을 보증합니다. 레스토랑의 경우에는 15분 이내에 점심 제공을 보증하기도 합니다. 약간의 상상력과 확실히 제공할 수 있는 우수한 서비스가 있다면 보증을 마케팅의 무기로 삼는 방법을 얼마든지 찾아낼 수 있습니다.

지금부터 고도의 테크닉을 공개합니다. 여기에는 다음의 요소가 필요합니다. 첫째, 배짱이 있어야 하고요. 둘째, 가망고객과 그 상대방이 어떤 반응을 보이는지를 확실히 이해해야 합니다. 셋째, 세일즈 레터를 받아보는 사람에게 있어서 중요한 메시지라는 점을 확신할 수 있는 강력한 비즈니스 메시지가 있어야 하지요.

이 대담한 작전은 세일즈 레터 자체를 보증한다고 하는 것입니다. 제가 실제로 저 자신과 고객에게 몇 번이고 사용한 방법입니다. 자주 사용하는 것은 상대방이 그 편지를 전부 읽고서 시간낭비였다고 느낀다면 1만원, 2만원 또는 5만원을 드리겠다고 하는 것입니다. 예 8에 있는 것이 그 실물 견본으로 제가 어느 세미나를 위해 작성한 세일즈 레터의 일부입니다. 이때 약 4천 명의 가망고객에게 우편으로 편지를 보내 제가 실제로 지급한 돈은 20만원이 채 되지 않았으며, 대신 벌어들인 이익은 1억원을 넘었습니다. 세밀한 테스트를 여러 번 실시했습니다. 따라서 '이 편지 자체를 보증하겠다'고 덧붙임으로써 그 편지를 읽는 확률과 반응하는 확률이 커진다는 점을 이미 잘 알고 있었습니다.

아주 비슷한 방법으로 매달 1일에 100통의 세일즈 레터를 보내는 경영 컨설턴트를 하고 있는 고객이 있습니다. 개인 자산이 50억원 이상인 경영자와 기업의 대표에게만 발송합니다. 그리고 그 편지 속에서 단지 19분만 이야기를 나눌 수 있다면 현재 상대방이 의뢰하고 있는 공인

회계사나 변호사, 기타 조언자들이 간과하고 있는 재무적 측면에서 위험한 '함정'이나 소득세를 절세할 기회를 지적해 줄 수 있다는 점을 강조합니다. 만약 그렇게 하지 못한다면 25만원을 수신인에게 지급하기나 50만원을 자선단체에 기부하기 중 선택하도록 하였습니다. 이 대담한 어프로치로 발송한 세일즈 레터 100통당 약 10~15건의 약속(10~15%의 반응 확률)을 확보하였고, 그중 2~3건을 신규고객으로 획득하였지요. 고객 1건당 초년도 평균보수액은 1천만원 이상입니다.

예 8 보증되는 세일즈 레터

이 무료정보 패키지는 보증됩니다.

무료로 배달되어 온 것이 어떻게 보증될 수 있을까요? 약속합니다. 첨부한 강연 비즈니스에 관한 긴 편지를 읽고, 동봉한 오디오테이프를 듣고, 비디오를 보신 다음에 만약 시간 낭비였다고 정말로 그렇게 느끼신다면 이 보증서 뒤에 그 이유를 적어서 보내 주세요. 당신에게 25달러를 지급하든지 자선단체에 50달러를 기부하겠습니다. 선택은 당신이 하시면 됩니다.

이 정보 패키지는 약 2천 개가 발송되었기 때문에 저로서는 최대 10만 달러의 리스크를 안고 있습니다. 하지만 그것은 상관없습니다. 그 정도의 여유는 있으니까요. 하지만 저는 같은 업계에 종사하는 프로로서 당신의 성실함을 신뢰하고 있으며, 다음의 사실도 믿고 있습니다. 제가 드리는 제안이 '필요 없다'고 말씀하실 생각이시더라도, 비즈니스에 도움이 되는 마케팅 아이디어 한두 가지는 있다는 점을 적어도 인정하지 않을 수 없을 것입니다. 즉, 그렇게 시간 낭비는 아닐 것입니다. 어쨌든 결정하는 것은 당신이지만 제가 보증하겠습니다. 이 정보를 봄으로써 당신은 손해 보는 일은 절대 없을 것입니다.

Dan S. Kennedy

주의: 다음 순서대로 읽어주세요. ① 먼저 '폭로' 테이프를 듣고, ② 비디오를 보고, ③ 첨부한 편지를 읽고, ④ '하루에 2만 5천 달러'라는 테이프를 마지막으로 듣기 바랍니다. 편지를 읽기 전에 (적어도) '폭로' 테이프만큼은 반드시 듣기 바랍니다.

SALES LETTER & COPYWRITING

단계 9.
최초 초안을 작성한다

이 단계의 요점은 단순합니다. 여기까지 읽으면서 배운 것을 실행하기만 하면 됩니다!

지금까지 살펴본 단계들을 통해 준비 작업은 충분히 되었을 것입니다. 이제 세일즈 레터 작성하기를 시작할 수 있습니다. 자, 작성하세요!

여기서는 최초의 초안을 작성합니다. 작성하면서 편집을 해서는 안 됩니다. 문장의 길이나 말투 그 밖의 모든 것에 대해 신경 쓰지 말고 일단 작성하세요.

저의 경우에 최초 초안의 길이는 대개 최종적으로 완성되는 편지의 두세 배 정도가 됩니다. 하지만 가능성이 있는 모든 설득재료들을 책상 위에 늘어놓고서 편집을 해가는 것을 좋아합니다. 카피라이터들이 요즈음 사용하고 있는 다양한 방법들 중에서도 이것이 가장 뛰어나면서도 간단한 방법일 것입니다.

주저하지 말고 펜으로 작성하거나 컴퓨터 앞에 앉아 시도해 보세요!

SALES LETTER & COPYWRITING

단계 10.
전략적인 관점에서 다시 작성한다

최초로 작성한 초안은 아마도 너무 길 것입니다. 그래서 다시 작성하는 단계로 들어갑니다. 많은 사람에게 있어서 단순 명쾌한 하나의 메시지가 될 때까지 내용을 조금씩 줄여가는 것이 이 단계의 시작입니다.

하지만 하다 보면 줄이기보다는 다시 작성하는 경우가 많을 것입니다. 실제 많은 세일즈 레터가 문장이 많은데도 불구하고 효과를 올리고 있습니다. 이 단계에서는 읽는 사람의 반응을 높이는 데 필요한 '전략적'으로 다시 작성하는 방법을 알아보도록 하겠습니다.

효과적인 장문 카피라이팅의 비밀

"**이렇게 긴 카피를 읽을 사람이 있을까요?**" 한눈에 봐서 편지라기보다는 차라리 소설에 더 가까운 세일즈 레터를 깜짝 놀라 바라보면서 믿을 수 없다는 표정으로 이렇게 묻는 고객이 많습니다.

그럼 저는 이렇게 대답합니다. "**반응을 가장 많이 보일 사람들은 읽게 되어 있습니다.**"

많은 조사에 따르면 읽는 사람의 대부분은 광고를 얼핏 쳐다볼 뿐이고, 세일즈 레터에 관해서도 마찬가지라고 합니다. 타깃을 아무리 엄선하더라도 여전히 세일즈 레터를 받아보는 사람의 대부분은 쓰레기통에 버리기 전에 힐끗 쳐다볼 뿐입니다. 이런 사람들은 발신자가 제공하는 상품이나 서비스에 대해 그저 관심이 없거나, 마침 그때 머릿속은 온통 책상 위에 있는 것들을 정리하는 것뿐이거나, 아니면 읽을 수가 없거나, 읽을 생각 자체가 없는 그 밖의 여러 가지 이유로 메시지를 받아들이는 것을 100% 거부하는 것입니다.

이 다수파에게 한 페이지 또는 반 페이지 아니 적어도 카피를 몇 개라도 읽어주길 바라면서 애를 태우는 것은 바보 같은 짓입니다. 속임수를 활용해 읽게 만드는 것은 매우 어려운 일이며, 그렇게까지 할 필요가 있는지도 의문스럽기만 하지요. 하지만 카피를 짧게 해서 누구라도 읽을 수 있는 길이로 만드는 것은 역효과입니다. 이런 방법보다는 메시지에 관심을 가질 법한 소수파에게 에너지를 집중하는 것이 효과적입니다. 즉, 구매할 가능성이 있는 사람들을 위해 작성하는 것이지요. 살 생각이 티끌만큼도 없는 사람들을 위해 작성하는 게 아닙니다.

진정한 가망고객은 정보에 굶주려 있습니다. 긴 카피의 기업광고는 짧은 카피의 광고보다도 실제로 받아보는 사람들이 제대로 읽는다는 조사결과가 있습니다. **약 50단어 이하일 경우에는 읽힐 확률이 급격히 떨어지지만, 50에서 500단어일 경우에는 오히려 읽힐 가능성이 높습니다.**
카피라이터로 일을 시작했을 무렵 이와 같은 정보에 힘을 얻어 대개 4페이지에서 16페이지나 되는 장문의 세일즈 레터를 썼었습니다. 편지의 길이를 걱정하기보다는 실제로 관심이 있는 가망고객들로부터 긍정적인 반응을 얻어내기 위해 그들이 알아야 할 필요가 있다고 생각되는 것은 가능한 한 모두 알려주도록 전념하는 쪽을 선택한 것이지요. 그런 이유로 만약 16페이지가 필요하다면 16페이지의 편지를 작성했던 것입니다.

이 방침을 따른 지 20년이 넘었는데 그 효과에 대해서는 절대적인 확신을 갖고 있습니다. 때로는 먼저 한두 페이지 정도의 세일즈 레터로 캠페인을 시작하고, 긍정적인 반응이 나오면 한두 페이지를 추가해 더 좋은 반응을 얻어냅니다. 그리고 또다시 한두 페이지를 늘려서 더 큰 반응을 얻어내는 방법도 있습니다.

효과에 대한 검증이 끝난 재작성 가이드라인

현 단계의 세일즈 레터를 발전시킬 수 있는, 효과에 대해 이미 검증이 끝난 가이드라인을 몇 가지 소개해 드리겠습니다.

••• 길게 써놓고서 다시 작성한다

신문 제1면에 가득 실릴 양의 뉴스가 날마다 일어나다니 참으로 대단하다고 생각한 적은 없으신가요? 물론 실제로는 그렇지가 않습니다. 기사는 다음 페이지에도 이어지고, 수일 때로는 수주일 동안 계속해서 나오는 뉴스도 있습니다. 그런데도 많은 기자는 데스크(신문사의 편집장 등 높은 위치의 있는 사람을 뜻함)에서 지시한 길이로 제한해서 기사를 작성합니다. 이렇게 해서 가까스로 요약한 뉴스이든 적절한 길이를 요하는 칼

럼이든 아주 짧은 기사이든 모두 인쇄됩니다.

하지만 이렇게 해서는 팔리지가 않습니다. 여러분이 세일즈 매니저라면 세일즈맨들에게 "무슨 일이 있더라도 300단어 이상 말해서는 절대 안 돼!"라는 식으로 교육을 해서 판매현장에 내보낼까요? 물론 그렇지 않을 것입니다. 세일즈 레터는 문장을 통한 판매 제안이라는 점을 잊어서는 안 됩니다.

몇 번이고 반복해서 말씀드립니다. 미리 정해진 형식이나 페이지 수 이내로 맞추기 위해 작성하려고 해서는 안 됩니다. 내용을 제대로 전달하기 위해 작성하세요.

••• 규칙에 얽매이지 않고 작성한다

제가 쓴 세일즈 레터를 읽으면 많은 국어 선생님은 슬퍼합니다. 깜짝 놀라고, 실망하고, 투덜거립니다. 문장을 작성하는 방법에 대해 까다로운 이런 분들이 쓴 '비평'이 날아오는 경우도 종종 있습니다. 하지만 제가 이렇게 하는 데에는 나름대로 이유가 있습니다.

효과적인 세일즈 레터는 규칙을 지키면서 작성한 것보다도 말하듯이 작성한 것이 대부분입니다. 구어체나 속어도 사용하고, 작성의 기본규칙에 어긋나는 다음과 같은 토막토막 끊어지는 문장도 곧잘 사용하고 있습니다. "사실입니다. 보증합니다. 검사가 끝났습니다."

교과서는 세일즈 레터를 작성하는 데는 적합하지 않습니다. 반대로 이상한 구두점이나 표현, 불완전한 문장, 단어 하나로만 된 감탄문, 전문용어 등 사용할 수 있는 기술은 무엇이든지 사용해 읽는 사람들을 들었다 났다 하면서 부추기고 자극을 줘야 합니다.

어린아이가 갖고 싶은 장난감이나 가고 싶은 장소, 무언가 하고 싶은 일 등을 잔뜩 흥분해서 말하는 것을 본 적이 있을 것입니다. 너무나도 빨리 이야기하기 때문에 수시로 말이 막히는데, 숨도 쉬지 않는 대단한 기세로 쏟아내지요. 도무지 문장 자체가 성립되지 않아요. 하지만 그 열의만큼은 상대방에 잘 전달되지요. 이 효과를 세일즈 레터에 도입한다면 성공은 틀림없습니다.

●●● 두 가지 경로를 통해 읽는 사람들 숫자를 늘린다

읽는 사람은 양 극단의 성격으로 분류할 수 있습니다. 바로 충동유형과 분석유형입니다. 대부분의 세일즈 레터는 쓰는 사람의 성격에 따라 한쪽을 희생시키고 다른 한쪽에게만 어필하고 있는데, 하나의 편지로 양쪽 모두에게 어필할 수가 있습니다. 분석유형의 가망고객은 논리적이면서 꼼꼼합니다. 예를 들면, 새 차를 구매하는 일은 마치 작은 연구프로젝트가 됩니다. 반대로 충동유형의 가망고객은 자기가 선호하는 빨간색이라는 이유만으로 새 차를 구매합니다! 이렇게 다른 두 가지 유형에게 각각 다른 방법으로 편지를 써야만 한다는 것은 분명합니다.

충동유형이 장문의 카피를 읽으려고 하는 일은 극히 드물지요. 이런 유형은 우선 대충 훑어보고 나서 관심이 많이 갈 때만 읽습니다. 그래서 발신자의 제안과 이점을 '짤막하게 전달'할 필요가 있습니다. 그들은 대충 훑어보고서 요점을 곧바로 파악하고 싶어 합니다. 성급하기 때문에 충동적으로 읽게 만드는 경로를 편지 도처에 마련해 둬야만 하지요. 크고 굵은 글씨의 헤드라인이나 서브 헤드라인, 사진, 캡션, 네모나 원으로 둘러싸거나 강조한 짧은 단락을 활용할 수 있습니다. 이것만 따라가면서 읽는 동안에 충동유형이 확실히 반응하기 위해서는 구체적인 정보가 필요합니다.

충동유형은 우선 띄엄띄엄 읽어본 다음에 장문의 편지 전체를 천천히 읽고 검토하는 경우가 종종 있습니다. 바로 이 점을 노리는 것이지요.

분석유형에게는 좀 더 철저하게 읽게 만들 경로를 마련합니다. 분석유형용 경로에서 충동유형용 경로는 단순한 길잡이가 되어줍니다. 분석유형은 카피가 길더라도 읽습니다. 실제로 길지 않으면 안 됩니다! 방대한 양의 사실과 숫자, 통계자료, 도표, 그래프, 확실한 정보를 요구하기 때문에 이러한 정보에 기초해 충분히 생각해 본 다음에 결정하면 된다는 식으로 전달하는 것이 중요합니다.

예 9 　충동유형과 분석유형, 양쪽 모두에게 어필하는 세일즈 레터

최근 10년 중에 가장 좋은 은 투자

　이 100페소 은화 1개당 단 8달러 75센트에 대량판매합니다. 이것은 통상의 경우보다 훨씬 싼 가격입니다. 이 가격, 선택지, 양호한 광택 상태 그리고 잠재적인 이익을 다른 은화 투자와 비교해 보세요. 지금까지 만나볼 수 없었던 최고의 은 거래라는 것을 아시게 될 것입니다.

완전 비공개

　100페소 은화는 완전히 비공개 …… 즉, 완전한 면세 상품으로 미국세청이 동전판매업자에게 의무를 부과하고 있는 1099-B 신고서도 필요하지 않습니다. 많은 투자자는 정부에서 예측하지 못하는 상태에서 매매할 수 있는 완전한 비공개를 바라고 있습니다. 이 화폐는 100% 완전한 면세대상입니다.

1992년까지 10배로?

　많은 금융잡지 전문가들, 〈Western Monetary〉지의 빌 케네디나 에이덴 시스터즈, 하워드 라프 같은 사람들이 만약 정부의 재정 실책이 분출한다면 은은 1992년까지 크게 뛰어올라 1온스당 25~50달러, 어쩌면 100달러까지 갈지도 모른다고 예측하고 있습니다. 그렇게 된다면 100페소 은화는 한 개에 75달러가 될 수도 있습니다.

높은 은 함유량

　이 커다란 은화의 중량은 거의 1온스로 순은 72%입니다. 실제로 사

용되지 않고 있는 모르간 은화(1878~1921년 발행된 인기가 높았던 은화)의 여섯 배나 되는 높은 은 함유율입니다. 앞으로 은 가격이 상승함에 따라 이 중량감 있는 화폐의 가치는 급격히 상승하게 될 것입니다. 이것은 마치 은 투자의 손해보험이나 마찬가지입니다. 믿기지 않을 수도 있지만 이 멕시코 대형 은화 여섯 개를 미사용의 번쩍거리는 상태로, 미국의 모르간 1달러짜리 은화 한 개와 같은 가격에 구할 수가 있습니다.

서두르셔야 합니다

AMARK(귀금속 딜러)의 비밀은 이미 새어나가고 있습니다. 즉, 당신이 큰 이익을 얻을 기회가 줄어들고 있다는 의미입니다. 비밀이 다 새어나가기 전에 행동하세요! 지금 바로 구매하십시오! 다음 주나 다음 달에는 우리 회사의 이 조언을 받아들인 은 투자자들에게 기념할 만한 날이 올 수도 있습니다.

은이 풍부한 멕시코의 일등급 상품

저는 멕시코 은화 모든 시리즈의 열렬한 팬입니다. 그래서 이와 같은 요소가 동시에 생겨서 아주 흥분하고 있습니다. 정말 좋은 타이밍, 구매에 더할 나위 없이 좋은 때입니다. 최근 발생한 멕시코의 재정위기 덕분에 실제 가치에 약간만 더한 액수로 은화를 구매할 수가 있습니다. 조심스럽게 말하는데 엄청난 역설입니다. 그리고 이것은 멕시코에서 마지막으로 만들어진 가장 크면서 높은 은 함유율을 자랑하는 실로 월등한 등급의 훌륭한 화폐입니다!

예 9에서 '충동유형용 경로'는 눈에 띄게 해놓았기 때문에 편지의 처음부터 끝까지 띄엄띄엄 되어 있는 것을 알게 될 것입니다. '분석유형용 경로'도 순서는 같지만 말 한 마디 단어 하나까지 읽게 만드는 형태입니다.

●●● 몇 번이고 반복해서 말한다

대부분의 사람은 무의식중에 반복되는 이야기를 들으면 저절로 외웁니다. 이것은 실제로 사람들이 새로운 아이디어나 정보를 제대로 받아들이는 단 두 가지 방법 가운데 하나, 즉 반복법입니다(또 다른 하나는 충격법).

예를 하나 들어보겠습니다. 주택용 방범시스템을 판매한다고 가정하겠습니다. 만약 집에 도둑이 든다면 대부분의 사람은 이러한 시스템을 금방 구매할 것입니다. 누가 침입하거나 강도가 들거나 무언가가 파괴되는 충격으로 인해 이러한 상품의 가치와 중요성을 인식하게 되는 것입니다. 또 하나의 유일한 방법, 방범이라고 하는 생각을 받아들여 방범시스템을 구매하게 만들기 위해서는 설득력이 있는 정보를 반복해서 전달하는 것입니다.

제가 하는 비즈니스 중에 오디오교재 강좌를 발행해서 판매하는 것이 있습니다. 내용은 비즈니스, 창업, 세일즈, 상담, 자기혁신 스킬을 가르치는 것입니다. 이런 종류의 음성교재 발행은 많이 보급되어 있습니다. 내용을 받아들여 이해할 수 있도록 새로운 정보를 반복적으로 들을 수 있는 간단하고 편리한 방법을 제공하고 있기 때문입니다. 교육에서 이 정도로 효과가 있는 같은 프로세스가 판매에서도 마찬가지로 효과가 있습니다.

강연 비즈니스 세계에 예전부터 이런 격언이 있습니다. "전달하고자 하는 것을 전달하고, 전달하고 다시 전달한다. 그러고 나서 무엇을 전달했는지를 한 번 더 전달한다." 이것을 저는 이렇게 발전시키고 있습니다. **"전달하고자 하는 것을 전달하고, 전달하고, 약간 다른 형태로 한 번 더 전달하고, 또 다시 형태를 바꿔 한 번 더 전달한다. 그러고 나서 무엇을 전달했는지를 한 번 더 전달한다."** 실제로 저는 일곱 번에 걸쳐 전달하고 있습니다. 연설을 하든 세미나를 하든 그렇게 하고 있으며, 세일즈 레터에서도 그렇게 하고 있지요. 저는 이것을 내적 반복(internal repetition)이라 부르고 있습니다.

하나의 세일즈 레터 안에서 기본적인 판매 메시지와 보증을 다음과 같이 다양한 수법을 통해 전달할 수가 있습니다.

1 단도직입적인 설명으로
2 예를 들어서

3 실제 이야기를 통해

4 증언, 증명을 통해

5 고객, 전문가 그 밖의 대변인의 말을 인용하여

6 번호를 붙여 요약함으로써

이상의 모든 수법을 활용한 '가공된 샘플'이 예 10입니다.

예 10 메시지를 반복해서 전달하는 세일즈 레터

4 ACES CARPET CLEANING SPECIALISTS
123 Success Street
Cleansville, USA 123456

브라이어우드 지구에 거주하는 주민 여러분께

현재 자택에 거주하신 지가 이미 3, 4년 정도 어쩌면 5년 정도 되셨습니까? 그동안 많이 밟고 왔다 갔다 해서 댁의 카펫은 아마도 누더기가 되어 있을 것입니다.

자택의 카펫을 새 상품이나 다름없이 깨끗하게 해드립니다.
깨끗해지지 않을 경우에 대금은 받지 않겠습니다!

1

[2] 일하는 과정을 설명해 드리겠습니다. 날짜와 시간을 약속한 다음에 자택으로 찾아뵙겠습니다. 우선 '가장 심한 얼룩'을 갖고서 테스트를 합니다. 깨끗해졌다고 판단이 되면 그 카펫 전체를 대상으로 청소합니다. 방마다 같은 방식으로 한다고 판단하시면 됩니다. 지금은 마음에 든 방에 대해서만 하시면 됩니다. 게다가 지금부터 3주일 동안은 방 세 개를 청소할 때마다 방 하나를 '무료'로 청소해드립니다. 예를 들면 브라이어우드 지역의 표준적인 가옥의 구조, #×# 미터의 거실, #×# 미터의 응접실, #×# 미터 침실 두 개인 경우에 침실 하나 분의 '청소가 무료'가 되는 것입니다.

무슨 일이 있더라도 반드시 새 상품이나 다름없이!

[3] 지난번에 찾아간 어떤 댁에서는 부모님들이 집을 비운 동안 10대 아이들의 '작은 파티'가 도를 넘었던 것 같습니다. 맥주와 탄산음료 얼룩, 흙과 진흙 덩어리 그리고 무엇인지 확실히 알 수 없는 것들로 인해 지저분했습니다. 집주인이 우리 회사 서비스를 받은 다음에 이렇게 말씀하셨습니다.

[4]
[5] "아이들 파티가 끝난 뒤에 거실 카펫을 보고는 새것으로 바꿔야만 할 것 같았습니다. 가게에서 구매한 액체 카펫 클리너도 사용해 봤지만 더 지저분해질 뿐이었습니다. 하지만 불과 한 시간 만에 이 4-Aces 분들이 완벽하게 세탁해 주었습니다! 카펫을 볼 때마다 지금도 깜짝 놀랄 정도입니다!"

> 지금 바로 XXX-XXXX-XXXX으로 전화 주세요
>
> 1. '무료' 상담과 견적 예약을 받고 있습니다.
> 2. 방 한 개씩 깨끗하게 해드립니다.
> 3. 우리 회사가 일해 놓은 상태를 보시고 그때마다 판단하시면 됩니다.
> 4. 마음에 드시는 것에 대해서만 지급하시면 됩니다.
> 5. 방 세 개를 청소할 때마다 방 한 개는 '무료'로 해드립니다.
> 6. 만족하지 못하시면 대금은 받지 않겠습니다.
>
> 4-Aces
> Hank, Bill, Tom & Larry

계속 고개를 끄덕이면서 읽어나가게 한다

얼마 전 최면요법사의 이야기를 듣다가 설득의 기본법칙 가운데 하나를 알게 되었습니다. 그것은 상대방을 계속해서 끄덕이게 만드는 것이었습니다. 읽는 사람이 이미 알고 있어서 "그래, 맞아 맞아"하면서 부담 없이 생각할 수 있는 것, 간단히 "응!"이라는 대답이 나올 수 있는 질문을 계속해서 함으로써 이쪽의 제안을 쉽게 받아들일 수 있는 상태를 만드는 것입니다. 말하자면 동의하는 버릇이 들게 만드는 것이지요.

이 아이디어를 세일즈 레터에 적용하면 단락마다 질문으로 시작하든

지 질문으로 끝내든지, 아니면 작은 타이틀로 질문을 할 수가 있습니다. 질문에는 읽는 사람을 끌어들이는 힘이 있으니까요.

각 페이지 마지막 부분에서 읽는 사람을 궁금하게 만든다

먼저 서식에 관한 간단한 조언부터 드리겠습니다. 페이지 마지막 문장을 완결시키지 않는 것입니다. 문장을 완결시키면 상대방에게 마치 거기서 그만 읽어도 된다는 신호를 보내는 것과 마찬가지입니다. 따라서 완결시키지 않고 항상 문장 도중에 페이지가 끝나도록, 그것도 가능한 한 재미있어서 그 다음 내용이 무엇인지 궁금해지는 문장 한 가운데에서 끝나도록 합니다. 그렇게 하면 한 번 읽기 시작하면 마지막까지 서둘러 읽고 싶어집니다.

더군다나 '티저 카피(예고 문구)'를 각 페이지 마지막에 배치하면 더욱 효과가 있습니다. 그리고 여기서는 손으로 쓴 느낌을 준다거나 노란색 강조 처리 같은 것을 함으로써 눈에 잘 띄게 만들어야 합니다. 티저 카피는 예를 들면 이렇게 만들어 볼 수 있습니다.

> 주식에서 돈을 벌 수 있는 저자의 일곱 가지 요령이
> 다음 페이지에서 밝혀집니다!

> 반신반의했던 우리 회사가 어떻게 해서 첫해에 수리비용을 3만8천 달러나 절약할 수 있었을까요? 다음 페이지를 보시기 바랍니다!

이 예를 보고서 좋은 티저 카피를 만드는 요령을 알아차리셨습니까? 티저 카피는 한마디로 또 다른 헤드라인이라고 할 수 있습니다. 실제로 다음 페이지의 헤드라인 역할을 하고 있습니다! 즉, 효과적인 헤드라인을 만드는 법칙이 티저 카피에도 적용되는 것이지요.

SALES LETTER & COPYWRITING

단계 11.
문체를 가다듬는다

순서와 티저 카피, 읽는 사람에게 경로를 알려줬다면 편지를 통해 종합적으로 이야기하고자 하는 바를 제대로 전달해야 할 차례입니다. 이 단계에서는 편지를 쉽게 읽을 수 있는 관점에서 가장 효과적인 몇 가지 방법에 대해 알아보겠습니다.

읽기 쉽게 만들면 보다 많은 사람이 읽을 수 있다

쉽게 읽을 수 있다는 것은 무슨 뜻일까요? 컴퓨터 업계의 말을 빌리

고객을 불러오는 10억짜리 세일즈 레터 & 카피라이팅

자면 '사용자 친화적(user-friendly)'이라고 할 수 있습니다. 상당히 막연한 표현이라 할 수 있지만 어쨌든 컴퓨터는 사용하기 쉽고, 일반적인 말을 사용해 이해하기 쉽고, 조작하는 데 있어서 특별히 우수한 두뇌가 아니어도 괜찮다는 정도라고 할 수 있어요. 그러면 세일즈 레터는 '독자 친화적'이어야만 합니다. 즉 보았을 때 읽기가 쉽고, 눈에 잘 띄고, 일반적인 표현으로 말하고, 읽는 데 있어서 고학위나 비장한 결의도 필요 없어야 한다는 의미입니다.

유능한 카피라이터는 읽는 사람을 능수능란하게 유도하는 다양한 장치, 즉 들었다 놨다 하거나, 서두르게 만들거나, 부추기거나, 자극하거나 하는 장치들을 통해서 이 '독자 친화적'으로 만들어내고 있습니다. 이러한 장치들 가운데에는 짧고 임팩트 있는 문장도 있는가 하면, 너무 짧아서 글이라고 할 수 없는 것들도 있습니다. 그리고 단락은 항상 짧아야 효과적입니다(문장이 서너 개 정도가 이상적).

첫 번째 단락은 헤드라인의 연장선이다

첫 번째 단락은 받아보는 사람에게 우선 그 편지를 읽도록 흥미를 유발하는 부분입니다. 그런 다음에 발신자의 제안을 판매하는 것이지요.

예 11-1은 서투르게 작성된 편지(그저 그런 세일즈 레터)이고, 예 11-2는 그것을 수정을 한 것입니다.

예 11-1 서투르게 작성된 세일즈 레터

고객님들께 드리는 긴급 공지사항

개인적으로 편지를 드려도 되겠지만, 지금 이 순간에는 이 정보를 가장 빨리 전달하는 것이 더 중요하다고 판단하였습니다. 우리 회사 마케팅부서마저도 자기들은 그냥 건너뛰고 가장 중요한 은 투자자 여러분께 직접 연락을 드리라고 전해 왔습니다.

아마도 최근 은 시장을 보고 계실 것입니다만, 보시는 바와 같이 시장의 지표는 은의 가격급등 가능성을 보여주고 있습니다. 그런데 은을 구매하시는 대다수 분은 미국 국세청에 걸리게 될 가능성을 두려워하여 은괴 구매를 주저하고 있으며, 비공개성을 중요시하는 투자자들은 어떻게 해야 은을 가장 잘 구매할 수 있는지 우리 회사에 계속해서 물어오고 있습니다.

예 11-2 서투른 예를 저자가 수정한 세일즈 레터

조사부의 브랜트 리가
고객님들께 드리는 긴급 공지사항

시장의 지표는 은의 가격이 급등할 가능성을 보여주고 있습니다! 그런데 은을 구매하는 분들의 대다수는 미국 국세청에 적발될 가능성을 두려워하여 은괴 구매를 주저해 왔기 때문에, 우리 회사에 어떻게 하면 좋을지에 관해 물어왔습니다. 우리 회사는 답을 찾았습니다. 비공개성을 중요시하는 민감한 은 투자자들에게 있어서 필요한 중요 정보를 이 편지에서 자세히 안내해 드리고 있습니다!

* 이 세일즈 레터는 차타누가 코인 사의 승낙을 얻어 옮겨 실었습니다.

재미있게 만든다

   편지를 개그 프로그램 시나리오처럼 만들라고 하는 것이 절대 아닙니다. 지나친 유머가 세일즈 레터에서 효과가 있는 경우는 거의 없습니다. 그리고 경험이 풍부한 프로가 아닌 이상 너무 어려워 제대로 활용할 수가 없습니다. 좀 더 안전하고 확실한 방법을 사용해야만 합니다.

   그렇다고 해서 편지 전체를 너무 엄숙한 분위기로 일관하는 것도 좋지 않습니다. 카피의 문제는 그 길이가 아닙니다. 재미없고 지루한 것이 문제입니다.

   다음에 보여드리는 것은 (저처럼) 끊임없이 이동하는 사람들에게 제가 보낸 편지의 시작부분입니다. 보시는 것처럼 가볍게 터치를 하고 있지만 까불지도 않고, 그렇다고 해서 지나치게 진지하지도 않습니다.

> 어젯밤 머물렀던 호텔에서 "모닝콜을 할 때 이 도시 이름과 날짜가 어떻게 되는지를 알려주면서 깨워 달라"고 부탁했습니다. 아마도 출장을 지나치게 자주 다니는 탓인지도 모르겠습니다! 혹시 당신도 그런 경험을 하신 적이 있지 않으신지요?
>
> 바로 얼마 전 이 업계에서 엄청나게 돈을 버는 방법을 발견했습니다. 비행기 안에서 답답한 나머지 멀리 밖으로 나가지 않아도 됩니다. 만약 15분만 시간을 내서 이 편지를 전부 읽으신다면 재테크에 관련된 상세한 내용을 이 자리에서 바로 알려드리겠습니다!

똑같은 내용의 카피를 지나치게 진지하게 작성한다면 아마도 이런 식이 될 것입니다.

> 잦은 출장에 진절머리가 나지 않으십니까? 출장을 가지 않더라도 지금의 비즈니스로 돈을 많이 버는 방법이 있습니다. 상세한 내용은 이 편지를 읽어주세요.

자, 읽어보니 어느 편지가 더 재미있나요?

상대방의 오감 전체를 공략한다

사람은 대개 눈에 보이는 것을 의식하면서 생각을 하는데, 좀 더 영향력이 있는 잠재의식은 오감 전부를 통해서 하루 종일 정보를 받아들입니다. 읽는 사람의 '전체적인 기분'은 이 오감 전부를 이용함으로써 최대한 자극할 수 있습니다.

예를 들면, 고성능 컴퓨터를 판매하는 경우에 잔업 때문에 마지막까지 적막한 사무실에 쓸쓸히 혼자 남아 있어 한심하기 그지없던 경험을 묘사합니다. 또다시 말하지만 세일즈 레터의 카피는 읽는 사람이 그 상황을 눈앞에 떠올릴 수 있도록, 실제로 느낄 수 있도록 작성해야 합니다.

임팩트가 강한 말이나 표현을 사용한다

읽는 사람의 시선을 끌고 마음을 뒤흔드는 멋진 표현을 소개합니다.

> 그날 밤은 사막의 바람이 불어왔다. 산에서 불어오는 뜨겁고 건조한 산타나(Santa Anas)풍 때문에 머리는 헝클어지고, 신경은 날카로워지고, 피부가 가려워 근질근질하다. 이러한 밤에는 술이라도 들어가게 되면 누구라도 심한 말싸움을 하게 된다. 평소에는 얌전하고 귀여운 아낙네들도 칼날 끝을 만지작거리면서 남편의 목덜미를 찬찬히 바라본다. 무슨 일이 일어난다고 해도 절대 이상하지 않을 정도이다. (레이먼드 챈들러 〈Red Wind〉 중에서)

위대한 추리소설 작가 레이먼드 챈들러(Raymond Chandler, 1888~1959)의 글입니다. 지금은 포기했지만 한때 소설가 지망생이었기 때문에 이러한 글들을 아주 좋아합니다. 더군다나 세일즈 레터를 쓰는 데도 많은 도움이 됩니다. 이런 식의 문장만으로 편지 전체를 다 작성하기가 아무래도 무리라고 생각된다면, 적어도 '뜨거운' 표현들을 곳곳에 사용해 보는 것은 어떨까요?

사용하면 좋을 몇 가지를 소개합니다. 직접 찾은 것도 있고, 작성한 것도 있습니다.

- 암처럼 심각한
- 양파보다 더 강렬한
- 가혹한 바람

- 좌절감에 처절하게 부서진 남자는 사무실 문에 기대어 소리를 내지 않고 비명을 질렀다.

이러한 표현을 광고, TV, 소설 등 모든 출처에서 발췌해 모아놓은 것들이 이제는 상당히 많은 양이 되었습니다. 이 방법을 강력히 추천합니다. 이와 같은 표현들을 통해 문장은 확실히 생명력을 가집니다.

자신의 개성을 편지에 반영한다

솔직히 고백하자면 이 방법을 어떻게 전달해야 좋을지 모르겠습니다. 개성이 있는 편지도 있지만 없는 편지도 있다는 사실은 누구나 알고 있습니다. 편지를 읽다 보면 인간미 넘치는 실제로 존재하는 누군가로부터 이야기를 생생하게 듣고 있는 것만 같은 느낌이 드는 경우도 있지만, 전혀 느껴지지 않는 편지도 있지요. 아주 훌륭한 세일즈 레터를 쓰는 사람들은 모두가 자기만의 독특한 스타일을 갖고 있습니다. 도착한 것을 읽어보면 그 스타일 덕분에 누가 쓴 것인지 대개는 알게 되고, 그 예상은 거의 90% 정도 들어맞습니다. 편지에 자신의 개성을 연출하세요. 직접 이야기를 건네는 것처럼 문장을 통해 판매하세요.

SALES LETTER & COPYWRITING

단계 12.
질문, 거절에 대답한다

질문에 대답하지 않거나 거절을 해결하지 않는 내용이 세일즈 레터를 망칩니다! 질문이나 거절이 나올 법한 모든 가능성에 주도면밀하게 대처한다면, 문장으로 최고의 비즈니스 제안을 할 수 있습니다.

왜 그렇지 않은지 그 이유를 설명한다

대면방식의 판매를 할 경우에 '거절 처리'라고 하는 단계가 있습니다. 가망고객은 언제나 한 번 또는 여러 번 거절을 하려고 합니다. 따라서 그 거절에 얼마나 잘 대처할 수 있는가는 세일즈맨의 능력에 달려 있습니다. 믿기 어렵지만 고객의 거절을 즐기는 세일즈맨도 있어요. 가망고객이 진짜 관심을 두고 있는 증거라고 생각하기 때문이지요. 반대로 이 단계를 두려워하면서 가장 싫다고 하는 세일즈맨도 있답니다. 어느 경우이든, 어떤 세일즈 경험을 했든, 거절에 대한 마음가짐이 어떠하든 거절은 모든 비즈니스에 반드시 존재하기 때문에 대처해야만 합니다.

세일즈 레터를 작성하는 것에 비하면 대면형식의 판매는 거절에 상당히 유리합니다. 다음과 같은 이유 때문이지요.

첫째, 눈앞에 있는 한 사람의 고객의 거절에 대해서만 대답하면 됩니다.

둘째, 그 자리에서 피드백을 받을 수 있기 때문에 고객이 나의 대답에 이해를 했는지 좀 더 설명이 필요한지 판단할 수 있습니다.

셋째, 거절에 대답을 하는 프로세스를 거쳐 고객을 확실한 판매로 끌고 갈 수 있습니다. 예를 들면 '거절의 여지 없애기'라는 판매기술이 있는데, 고객이 예상하는 거절을 모두 종이에 목록으로 만들어 가는 것입니다. 더 이상 거절이 나오지 않을 때까지 고객에게 "다른 질문은 없나요?"라고 계속해서 묻습니다. 그런 다음에 이렇게 말합니다. "이렇게 염려하시는 모든 것에 대해 납득이 가시도록 저희 회사가 책임을 진다면, 실제로 가능할지 잘 모르겠지만, 만약 된다면 오늘 중으로라도 이

○○○를 갖고 싶지 않으십니까?" 그리고 이 말에 대해 고객이 그렇다고 하면 고객을 끌어 들이게 된 것입니다. 이 프로세스를 종이에 문장으로 옮기는 것은 쉽지 않은 일입니다.

세일즈 레터의 경우에 받아보는 사람 각자의 거절에 대해서만 대답하면 되는 그런 일은 있을 수가 없습니다. 가능성이 있는 모든 거절에 대해 대답해야만 합니다. 어디까지 이야기를 해야 충분한 건지 확실히 알 수 있는 피드백도 전혀 없기 때문에 120% 이상의 설명이 필요합니다.

고객과 광고 전문가가 동석하는 회의에 참석해 세일즈 레터 안에서 거절을 언급하는 것에 관해 격하게 토론하는 모습을 지켜본 적이 많습니다. 왜 일부러 읽는 사람에게 부정적인 것을 심어주느냐는 것입니다. 그래서 고객의 지성을 과대평가도 하지 않는 대신, 그 의심 많은 태도를 과소평가하는 일만큼은 절대로 하지 않도록 항상 주의하고 있습니다!

거절이 나올 것 같은 점에 대해서는 숨길 수 있다고 생각하는 이 마케터들은 고객의 의심 많은 태도를 지나치게 가볍게 봅니다. 상대방은 마음만 먹으면 사지 않을 이유 같은 것은 얼마든지 생각해 낼 수 있습니다.

실은 저에게는 자주 활용하여 상당한 성과를 거두고 있는 카피라이팅 공식이 있습니다. 있을 법한 거절을 고객에게 보여주고서는 그것에 대해 답을 하는 것입니다. 그 부분의 카피는 대개 이런 식으로 시작합니다.

> 이 상품/서비스/제안은 매우 매력적인데 저희 마케팅 담당자는 반응을 얻을 수 있는 건 이 편지를 받아본 분들 가운데 고작 ○○% 정도일 거라고 합니다. 비즈니스 관점에서 말하자면 그것으로도 문제가 될 것은 없지만, 개인적으로 왠지 마음에 걸리는 게 있습니다. 왜냐하면 우리 회사의 상품/서비스/제안을 소유하거나 사용하고 계시는 분들이 이것들을 통해 얼마나 많은 이익을 얻고 있는지를 잘 알고 있기 때문입니다. 이러한 분들로부터 편지도 많이 받아보고 있으며, 전화로 이야기해주는 경우도 있고 회사에 찾아오셔서 직접 만나는 일도 있습니다. 수백/수천/수백만 명의 고객이 매년 이런 말씀을 하십니다. "(설득력 있는 고객의 코멘트를 간결하게 인용)" 따라서 우리의 설명부족이나 잘못에 의해 회사 상품/서비스/제안을 이용하지 않고 계실지도 모른다는 생각을 하면 안타깝기 그지없습니다.
>
> 그래서 우리 회사 사람들을 모아 브레인스토밍을 특별히 시행해 이 무료 체험 제공에 대해 "NO!"라는 이야기를 들을만한 가능성을 생각해 보았습니다. 몇 시간 동안 서로 의견을 교환한 결과 생각한 가능성이 있는 이유는 다음 세 가지뿐이었습니다.

이렇게 설명한 다음 구매하지 않는 이유를 하나씩 들면서 거기에 대답해 가는 것입니다.

　이 공식의 다른 버전이면서 좀 더 자주 사용되는 것이 '자주 있는 질문과 그에 대한 대답'을 별도로 준비해 세일즈 레터에 넣는 방법입니다. 예상되는 거절과 대답을 정리하여 질의응답(Q&A) 형식으로 만들어 넣는 것이지요.

　어느 경우라도 거절이나 의문에 대한 대답은 다음 항목의 대부분, 어쩌면 전부를 포함해야만 합니다.

1. 간결한 대답
2. 입증할 수 있는 고객의 소리나 사례, 실제 이야기
3. 보증이나 무료 체험에 관해 언급하거나 한 번 더 말하기

SALES LETTER & COPYWRITING

단계 13.
지금 바로 행동할 수 있도록 자극한다

　세일즈 레터로 승부를 할 거라면 상당히 복잡한 계산에 부딪힙니다. 보낸 편지의 X%는 상대방에게 제대로 전달되지 않고, Y%는 개봉되지 않고 버려지고, Z%는 편지 내용이 아무리 좋더라도 어떤 이유 때문에 반응을 보일 수 없거나 반응을 하지 않는 사람 손에 들어갑니다. 하지만 십중팔구 이렇게 반응을 하지 않는 사람들의 대부분은 편지를 받아들고는 읽어보고 반응을 할 의사가 있는 사람들입니다. 다만 '다음에 해야지' 라는 생각에 제쳐놓고 마는 것이지요. 대개가 이 '나중에'가 실현되는 일은 없습니다.

'내일 해야지'의 해결책!
지금 바로 반응하게 만드는 7가지 방법

대부분의 경우에 세일즈 레터에 대한 반응이 거의 곧바로 일어납니다. 물론 '드문드문 효과'도 있기 때문에 편지를 보내고 나서 수주일 뒤에 혹은 수개월 뒤에도 반응이 오기도 합니다. 편지를 산더미 같은 서류 밑에 깔아두고 대답을 할 여유가 생길 때까지 방치해 두거나 이런 저런 이유로 대답을 미루는 사람들이 그런 경우이지요. 이런 식의 소수파의 반응은 세일즈 레터 캠페인의 수익성이라는 관점에서 본다면 거의 의미가 없습니다. 그런 이유에서 곧바로 반응을 얻을 수 있는 모든 가능성을 신중하게 생각해야만 합니다.

카피라이팅의 멘토 가운데 한 명이 이런 이야기를 자주 했습니다. "클리블랜드에 사는 남성이 방에서 편지를 읽고 있는 모습을 상상해 보게. 지금 밖에는 돌풍과 허벅지까지 쌓인 눈, 거친 눈보라가 한창이지. 이 편지로 그 남성을 자극해서 난로 앞에 놓인 의자를 박차고 일어나 꽁꽁 얼어붙은 눈 속을 걸어 자동차에 가고 우체국까지 운전해 가서는 우표를 구매하고는 주문서를 보내게 하는 거지. 내일 해야지 라는 생각 따위는 하게 해서는 안 된다네."

물론 실전에서 이 정도로 어려울 일은 우선 없습니다. 왜냐하면 대부분의 세일즈 레터는 무료전화로 신청하고 신용카드로 지급할 수 있도록 매우 편리해졌기 때문이지요. 하지만 기본적인 틀은 마찬가지입니다. 반응을 보이는 것은 때로는 귀찮은 일입니다. 수신인은 대개가 바쁘고 다른 일들로 머리가 터질 지경입니다. '일단' 보류하자고 생각하고는 '내일', '다음에'라는 생각에 편지를 제쳐놓는 것이지요.

세일즈 레터의 역할은 읽는 사람으로 하여금 즉각 반응을 하도록 만드는 것입니다. 지금 바로 반응을 끌어낼 수 있는, 최강의 방법 일곱 가지를 소개해 드리겠습니다.

••• 1. 숫자에 제한을 둔다

본래의 상품이든 경품이든 혹은 할인이나 환불이든 실제로 숫자를 제한해서 제공하는 경우에는 "선착순입니다!"라는 문구로 수신인을 서두르게 할 수 있습니다.

••• 2. 경품을 제공한다

주요 제안이 충분히 설득력이 있어도 그것만으로도 상당수의 반응을 금방 얻는 일은 거의 없습니다. 그런 이유에서 경품 이용을 강력히 지지하고, 할인이나 환급보다도 경품을 더 선호하여 자주 활용합니다. 적절한 경품을 제공하면 세일즈 레터에 대한 반응이 최대 50%나 많아지는 경험을 여러 번 하였습니다.

이 두 방법을 잘 조합한 예가 '베이거스 월드'(현재 스트라토스피어 호텔)의 창립자인 밥 스튜팩의 편지입니다. 제 생각에 밥은 라스베이거스에서 가장 뛰어난 마케터입니다.

여러 해 동안 베이거스 월드는 숙박과 주류, 엔터테인먼트, 카지노 자금 등의 패키지를 일정 요금으로 신문이나 잡지 광고, 세일즈 레터, TV를 통해 판매하고 있었습니다. 그 패키지를 구매하고 베이거스 월드에 갔다가 집에 돌아오면 곧바로 안내장이 도착합니다.

참고로 예 12 다음에 이어지는 단락에서 베이거스 월드의 패키지에 관한 설명이 있고, 평소와 같은 가격의 같은 패키지라는 점을 강조하고 있습니다.

이 편지 이외에도 동봉물이 몇 가지 있는데 이 패키지의 핵심 제안과 경품인 하와이 여행을 강조하고 있습니다. 효과는 어느 정도였을까요? 저한테는 아주 효과가 있었습니다. 사무실 우편함에 이 편지가 도착한 아침에는 몸이 두 개라도 모자랄 정도로 바빠서 그런 날에 베이거스 월드 패키지를 구매할 생각조차도 못하고 있었는데도, 하던 일을 멈추고는 편지를 읽고서 전화를 걸어 곧바로 신청하고 말았습니다. 왜일까요?

예 12 한정된 숫자의 경품으로 행동을 서두르게 만드는 세일즈 레터(소비자 대상)

케네디 내외분께 드립니다.
이전에 방문해 주신 고객님들 가운데 극히 제한된 분들에게만 이번에 처음으로 제공하는 내용을 알려드리고 있습니다. 시험적이기 때문에 두 번 다시는 없을지도 모릅니다.

5박 6일 하와이 여행

저는 100% 보장할 수 있는 미국 내 최대 여행대리점 가운데 하나인 Holliday Travel of America와 제휴하여, 1천 쌍을 위한 하와이 여행 패키지를 구매하였습니다. 다시 방문해 주시는 고객님들을 위한 선물입니다.

저희 베이거스 월드의 즐거운 패키지를 다시 한 번 이용하신다면 두 분이 멋진 하와이 여행을 하실 수 있는 필요한 서류를 곧바로 보내드리겠습니다.

…

> 하와이 여행을 장황하게 설명하고 난 다음 이렇게 계속한다.

그런데 거듭 말씀드리지만 이것은 시험적인 것으로 이용하신 고객님들 가운데 극히 일부에게만 알려드리고 있으며, 앞으로는 없을 수도 있습니다. 이 제안은 11월 1일 목요일까지 또는 하와이 여행 패키지가 없어질 때까지이므로 지금 바로 행동으로 옮기시기 바랍니다.

…

1. 회사(베이거스 월드)를 알고 있고 신뢰하고 있기 때문에

2. 상품(베이거스 월드 패키지)이 마음에 들었기 때문에

3. 서둘러야 된다는 이야기(1,000쌍 한정 하와이 여행)를 믿었기 때문에

4. 경품이 훌륭하고 필요하다는 생각이 들었기 때문에

이 네 가지를 세일즈 레터에 흉내 낸다면 크게 적중하리라 믿습니다. 아니 실제로 이 네 가지 항목을 카드나 종이에 적어서 사무실이나 세일즈 레터를 작성하는 장소에서 눈에 잘 띄는 곳에 붙여둘 것을 강력하게 추천합니다. 만약 이 네 가지가 모두 갖춰질 수 있는 상황을 잘 생각해서 그것을 세일즈 레터로 실행할 수만 있다면 성공은 이미 보장된 것이나 마찬가지입니다.

같은 작전을 사용해 기업을 대상으로 보낸 세일즈 레터의 예를 소개해 드리겠습니다. 세일즈 트레이닝용 비디오 발행자가 보낸 편지입니다(예 13).

••• 3. 기한을 설정한다

기한설정은 가장 기본적이고 일반적으로 긴급하게 압박하는 방법입니다. 단독으로 또는 다른 방법과 함께 사용할 수 있지요.

보내는 편지 숫자가 얼마 되지 않는다면 손으로 직접 쓰거나 고무도장으로 기한을 표시함으로써 특별한 임팩트를 줄 수 있습니다. 편지가

너무 많아서 그렇게 할 수 없는 경우라 하더라도 디자이너나 인쇄업자와 상담하여 손 글씨 느낌이 나거나 고무도장으로 찍은 느낌이 나는 디자인으로 하면 어떨까요?

보험대리점을 하고 있는 친구는 매주 빠짐없이 100통의 세일즈 레터를 보내고 있었습니다. 편지는 현지 주택지도에서 발굴한 미지의 가망 고객 앞으로 자동차보험 견적을 내볼 수 있게만 해주면 도로지도를 무료로 증정한다는 내용입니다. 100통마다 두세 건의 반응이 있었습니다. 참고로 이것은 대단히 좋은 반응률입니다.

저의 제안으로 친구는 특정 기한까지 연락을 준 사람에게만 도로지도를 무료로 증정한다고 편지를 변경해서 빨간 고무도장으로 기한 날짜를 찍어 넣었습니다. 1~3%였던 반응률이 5~8%로 상당히 높아졌습니다.

> **예 13** 한정된 숫자의 경품으로 행동을 서두르게 만드는 세일즈 레터(기업 대상)
>
> **비디오 내장 TV가 무료 — 지금 바로 전화 주신 분에 한합니다!**
>
> 한국 대형 가전업체로부터 비디오가 내장된 19인치 컬러 TV 모니터를 250대만 특별히 직접 구매하였습니다. 여러분이 전자상가에서 구매하신다면 499달러에서 899달러나 하는 모델입니다. 그런데 저희는 이

> 모델 한 대를 그냥 무료로 증정합니다.
>
>   동봉한 카탈로그에 게재되어 있는 저희 회사의 새로운 '비디오 트레이닝 시스템' 3종 가운데 어느 것이라도 한 종류를 구매하세요. 저희 회사의 트레이닝 시스템의 뛰어난 품질과 효과에 대해서는, 적어도 한 가지는 갖고 계시는 여러분들이기 때문에 이미 잘 알고 계실 것입니다.
>
>   이번에 저희 회사의 최신 시스템 가운데 하나를 구매하시면 덤으로 비디오가 내장된 TV를 무료로 얻을 수 있습니다. 다만 지금 바로 전화하셔야 합니다. 250대밖에 없기 때문에 서두르지 않으시면 얻으실 수 없습니다.
>
>   ...

●●● 4. 경품을 늘린다

   경품 한 개의 반응이 괜찮았다면 두 개일 경우 더욱 효과가 좋습니다! 수많은 사례가 있지만 한 가지를 알려드려요.

   탈취세정을 위한 안전한 화학세제를 판매하는 회사가 세일즈 레터로 어느 일정량에 대한 주문을 15일 이내에 할 경우에 자물쇠가 채워진 보관용기를 무료로 증정하겠다고 해서 크게 성공한 적이 있습니다. 이 경품을 제공함으로써 반응이 눈에 띄게 증가하는 것을 보고서 경품을 두 배로 늘릴 것을 제안하였습니다. 그러자 그 회사는 X달러까지 주문 시에는 보관용기 한 대를, Y달러 이상 주문 시에는 보관용기 두 대를 증정하겠다고 홍보하였습니다. 전체적인 반응에는 별 차이가 없었지만, 평균 주문금액은 약 30%가 늘었습니다!

••• 5. 빠른 사람에게는 할인, 늦은 사람에게는 패널티

세미나 업계에서 자주 사용되는 수법입니다. 다음과 같이 요금을 설정한 세미나 팸플릿을 본적이 있지 않나요?

> 1월 15일까지 신청할 경우: 한 사람당 149달러
> 1월 15일 이후부터 2월 10일까지 신청할 경우: 한 사람당 199달러
> 세미나 당일 신청 시(남은 자리가 있는 경우): 한 사람당 299달러

이 방법은 발매 직전의 신제품, 각종 이벤트 티켓이나 입장권, 구독 신청이나 갱신 그 밖의 다양한 선행예약 접수에 응용할 수 있습니다.

••• 6. 상금과 콘테스트

에드 맥마흔(미국 코미디언, 〈The Tonight Show〉 사회자)의 웃는 얼굴이 실린 봉투를 아마도 다들 받아본 적이 있을 것입니다("다음 백만장자는 당신일 수도 있습니다!"라고 쓰인 봉투입니다). 상금과 콘테스트는 참가자에게 기한을 설정해 곧바로 반응하도록 자극합니다.

이 수법은 아메리칸 패밀리 퍼블리싱 사나 퍼블리셔즈 클리어링 하우스 사와 같은 잡지구독 중계업뿐만 아니라 자동차 회사, 제조업체, 서비

스업 그 밖의 업종에서도 이용되고 있습니다. 분명 비용은 들지만 반응이 늘어남으로써 투자한 것의 몇 배를 회수할 수 있습니다.

●●● 7. 반응을 쉽게 보일 수 있도록 만든다

  기본적으로 반응을 쉽게 보일 수 있도록 만들수록 좋습니다. 무료전화가 가능한 전화번호는 언제나 좋은 반응을 많이 얻고 있으며, 비즈니스의 내용이나 편지 수신인, 예산에 따라 달라지기는 하지만 무료전화를 24시간 운영하거나 답신엽서나 답신 봉투를 동봉하여 답신 방법을 알려주는 것도 반응률을 높이는 데 도움이 될 것입니다.

  팩스로도 답신할 수 있는 주문용지를 준비해도 좋고, 자사 웹사이트에서 필요항목을 입력하게 한다거나 정보를 다운로드 받게 할 수도 있습니다. 이메일로 답신을 유도해도 좋습니다.

SALES LETTER & COPYWRITING

단계 14.
추신에 대해 궁리한다

모든 세일즈 레터에는 추신(post script; p.s.)이 필요합니다. 추신을 쓰기 전까지는 편지가 완성되었다고 할 수 없습니다. 추신은 세일즈 레터의 성패를 좌우하는 열쇠입니다!

추신을 사용해 읽는 사람을 자극한다

이 말은 사실입니다. 많은 사람이 편지의 마지막 부분을 먼저 봅니다. 누가 쓴 것인지와 서명을 보려고 하는 사람도 있습니다. 단순히 청개구

리와 같은 경우도 있습니다. 추리소설이라면 결말을 읽고 나서 구매하고, 식사일 경우에는 디저트부터 먼저 먹기 시작하는 유형이라고 할 수 있지요.

이러한 청개구리 같은 행위가 발신자에게는 절호의 기회입니다! 추신에서 제안이나 약속 내용을 확실하게 보여줌으로써 읽는 사람을 끌어들여 편지 전체를 읽도록 만들 수 있습니다. 혹은 반응을 서두르게 하는 특별 인센티브를 추가로 기록하기만 해도 좋습니다.

만약 상대방이 제대로 된 순서로 편지를 읽는다고 하더라도 추신은 중요한 임팩트를 갖는 '제2의 헤드라인'입니다. 결코 소홀히 해서는 안 됩니다!

SALES LETTER & COPYWRITING

단계 15.
체크리스트를 확인한다

지금까지 여러 번에 걸쳐 초안을 고쳐 썼기 때문에 지금 손에 든 원고를 도대체 어느 정도나 수정했는지조차도 알 수 없을 것입니다. 만약 저와 같은 방법으로 작성하였다면 초안은 이미 너덜너덜할 테고요.

저는 비행기로 이동하는 일이 자주 있는데, 1년 동안 24만 km를 거뜬히 넘는 해도 있어서 기장이 체크리스트를 따라 조종해 주는 것이 고맙기만 합니다. 역시 반드시 해야만 하는 일이라는 것을 알고 있음에도 불구하고 깜빡 잊는 경우는 항상 있는 법이니까요. (어제도 차에서 내릴 때 기어를 파킹 위치에 놓는 것도 시동을 끄는 것도 깜빡했습니다. 불쌍한 제 차는 주차장 기둥에 비틀비틀 부딪히더니 신음하면서 바보 같은 주인을 향해 투덜거리더군요. 이런 이유로 저는 체크리스트를 절대 신봉하는 신자입니다).

  이 단계에서는 효과적인 작전이나 공식, 테크닉을 가능한 한 많이 세일즈 레터에 반영했는지를 확인하세요. 일종의 중간 궤도수정이라고 할 수 있습니다. 세일즈 레터를 작성하는 순서 전체의 거의 절반까지 왔기 때문에 여기서 조정을 해 두는 것은 아주 시기적절합니다.

- 1. 예상 고객에 대한 10가지 예리한 질문에 모두 답하였는가?
- 2. (본인이 아닌) 고객에게 가장 중요한 것에 관해서 썼는가?
- 3. 특징을 이점으로 바꾸었는가?
- 4. 자기 상품에 대한 "불리한 점을 인정하는 카피"를 만들었는가?
- 5. 구매자의 자존심에 호소할 수 있는가?
- 6. 두 가지 경로를 (충동유형과 분석유형) 사용하였는가?
- 7. 내적 반복법을 사용하였는가?
- 8. 오감을 어필하는 말을 사용하였는가?
- 9. 임팩트가 강한 표현을 사용하였는가?
- 10. 긴박감을 주어 바로 반응을 일으킬 방법을 선택하였는가?

SALES LETTER & COPYWRITING

단계 16.
그래픽 처리를 한다

이 단계는 아주 중요한 단계입니다. 왜냐하면 세일즈 레터의 겉모습을 다루는 단계이기 때문이지요. 세일즈 레터를 작성하는 사람이라면 꾸준히 연습해야 합니다. 그렇게 되면 **작성된 카피의 단 한 단어도 바꾸지 않은 채 여러분의 마케팅을 경쟁자보다 수직 상승시킬 수 있습니다!**

세일즈 레터를 숨 쉬게 한다

세일즈 레터를 직접 사람을 만나 하는 세일즈를 인쇄물에 옮긴 것으로 생각한다면, 인쇄물에서 가질 수 없는 실제 세일즈에 존재하는 외관적 요소가 얼마나 중요한지 바로 알 수 있습니다.

만약 실제로 고객과 마주 보고 앉아 있다면, 입고 있는 옷이나 몸짓, 표정, 억양, 소품들이 최선의 결과를 이루려는 의도와 함께 말로 나오는 단어들을 완성할 것입니다. 다시 말하면, 고객과 대면할 기회가 주어진다면, 고객이 어떻게 듣는가를 얼마든지 제어할 수 있다는 것이지요.

문자로 된 세일즈 레터(또는 광고, 웹페이지, 이메일 등)는 몸짓이나 시각자료로 고객을 이끌 힘을 가질 수 없습니다.

그러나 카피 코스메틱스(Copy Cosmetics)를 사용하는 방법이 있습니다. 카피 코스메틱스란 직접 대면하는 세일즈의 외관적 요소와 커뮤니케이션 요소(몸짓, 표정, 억양, 소품)를 글씨 크기나 밑줄, 볼드체, 이탤릭체, 하이라이트, 여백표기 등 다양한 시각적 도움을 이용해 문자로 된 미디어로 옮기는 것이지요.

중요한 비즈니스 미팅에 칙칙한 옷을 입고 딱딱한 차렷 자세를 한 채 나타나지 않는 것처럼 여러분의 카피라이팅 또한 그래서는 안 됩니다. 잠시 후 자세히 살펴볼 카피 코스메틱스를 이용해서 세일즈 레터에 숨을 불어넣어 봅시다.

독자 만들기

독자층 확보는 절대 확신할 수 없습니다. 여러분의 카피를 분석할 모든 유형의 독자를 확보할 수 있는 전략을 모두 사용해야 합니다.

극단적으로는 길이에 상관없이 카피 단어 하나하나를 읽는 분석적인 독자가 있고, 메시지의 가장 빠른 지름길로 가고 싶어 하는 충동적인 독자도 있습니다.

카피의 디자인은 극단적인 두 유형의 독자와 그 사이에 있는 모든 다양한 사람을 수용할 수 있어야 합니다. 하지만 요즘 시대의 '지금, 당장' 사고방식 때문에 대부분의 사람은 긴 카피를 대충 훑어보고 세부 사항을 읽을 것인가 말 것인가를 서둘러 결정합니다.

이 점을 보완하기 위한 세 가지 방법이 있습니다.

1. 카피 길이를 줄입니다. 거부 반응을 최소화할 수 있지만 효율성을 높이는 방법은 아닙니다. 정상적인 심리를 갖고 있는 세일즈맨이라면 이 방법은 선택하지 않을 것입니다.
2. 아니면, 가능한 한 많은 독자에게 최고의 세일즈 프레젠테이션을 전달할 수 있도록 카피를 더욱 매력 있게 만들어 독자의 시선을 사

"카피의 중요한 부분이 돋보이도록 작성하세요!"

로잡습니다. 이 방법이 훨씬 더 낫습니다.

3. 강조할 부분을 선별적으로 고릅니다. 카피의 단어 한 자 한 자가 똑같이 중요하지 않기 때문에 혜택 목록, 콜투액션(call-to-action), 전화번호, 웹사이트 주소 같이 중요한 부분으로 독자의 시선을 끌어야 합니다.

카피 코스메틱스는 주의를 사로잡아 독자의 시선을 카피의 중요한 부분으로 이끄는 데 아주 큰 도움을 줍니다. 저는 이것을 '**선택적으로 강조하기**'라고 합니다. 이 선택적으로 강조하기가 증명된 쉬운 방법은 직접 손으로 노트 여백에 끼적거리는 것이지요. 이 방법은 시선을 자석처럼 끌어당기는 좋은 방법이며 카피의 중요한 부분으로 시선을 끌기 위해 반드시 사용해야 합니다.

얼마만큼이 과한 건가?

이제 카피 코스메틱스의 중요성을 이해하기 시작하였으니, 이 대단한 강조법이 과하지 않을까 걱정스러울 것입니다.

카피 코스메틱스의 27가지 필수 요소를 공개하기에 앞서 경고를 할 것이 있습니다. 넘치면 부족한 것보다 못하다라는 의미의 과유불급이라는 말이 있지요? 카피 코스메틱스도 마찬가지입니다. 만약 한 세일즈 레터에 강조를 너무 많이 넣으면 독자를 산만하게만 합니다. 모든 것이 강조되면 아무것도 돋보이지 않는다는 점을 기억하세요.

카피 코스메틱스의 27가지 필수 요소

1. **볼드체로 쓰기** — 보조헤드라인, 중요한 단어나 문장, 날짜 또는 가장 중요한 부분을 강조해야 할 때 볼드체(굵은 글씨)를 씁니다. 볼드체는 중요한 점으로 즉시 주의를 집중시키며 독자가 중요한 내용을 훑어볼 수 있도록 하는 효과가 있습니다.

> 2. 테두리 사용하기 — 테두리는 헤드라인, 사용 후기, 쿠폰 같은 중요한 항목의 주의를 끌어줍니다. 특히, 쿠폰 주변의 빨간 테두리는 더욱 시선을 사로잡지요. 보증하는 내용에 테두리를 추가하여 내용이 더 가치 있도록 할 수도 있구요. 엷은 색 그림이나 그래프, 차트, 사진에 테두리를 사용하여 돋보이게 할 수도 있습니다.

3. 대문자로 쓰기 — 특히 더 강조해야 할 한 단어(또는 두세 단어)를 돋보이게 하기 위해 대문자를 쓸 수 있습니다. 대문자로 쓰는 빈도는 드물어야 하는데, 그렇지 않으면 마치 "소리를 지르는 것"처럼 느껴질 수 있기 때문이지요. (※ 한글에는 대문자가 없으므로 영어로 작성할 때에 해당합니다)

4. 캡션 사용하기 — 삽화나 그래픽, 차트, 사진의 밑에는 꼭 캡션(사진이나 삽화 등에 붙인 설명)이 들어가야 하는데, 캡션이 시선을 끄는 이미지에서 가장 가까이에 있을 때 가장 쉽게 읽히는 카피 코스메틱스 강조법 중 하나이기 때문입니다.

5. 카툰이나 만화 또는 캐리커처 사용하기 — 이 아기자기한 방법은 잘 쓰이지 않지만 아주 효과적이며 시선을 사로잡고 분위기를 밝게 만들 수 있습니다. 반응을 북돋기 위해서 고객의 이름을 캡션에 넣

어 개인화하는 것도 좋은 방법이지요. ('개인화(Personalization)'에 관해서는 16번에서 자세히 다룹니다)

6. 색깔 사용하기 — 파란색이나 부드러운 색은 마음에 안정을 줍니다. 빨간색이나 붉은색 계열은 활기를 돋우지요. 시선을 끌고 매우 급함을 더하려면 강한 색상을 사용합니다(개인적으로 빨간색을 선호합니다). 너무 많은 색을 사용하면 읽는 사람을 산만하게 할 수 있으니 주의해야 합니다. 또한 '역인쇄'(어두운 배경에 밝은 글씨)에 대해 미리 인지하여 지나치게 많이 사용하지 않도록 해야 합니다.

7. 세로단 사용하기 — 50~70자정도 크기의 세로단은 하나의 크고 넓은 가로단보다 읽기 쉽습니다. 신문이나 전형적인 직접판매방식 광고를 보면 세로단을 이용해 카피에 '공기가 통하도록' 만드는 걸 볼 수 있습니다.

8. **드**롭캡(Drop caps) 사용하기 — 크게 쓴 첫 글자는 읽는 사람의 시선을 카피의 첫 구절로 이끕니다. 연구에 의하면 이 간단한 테크닉이 독자 수를 증가시키기도 합니다.

9. 폰트와 서체 사용하기 — 이 책 전체에서 이 강조법을 사용합니다.

독자 수를 최대화하는 간단한 규칙이 있습니다. 인쇄물 마케팅을 할 때는 Times Roman, Courier 같은 세리프체(serif fonts)를 사용합니다 (세리프체: 획의 시작이나 끝 부분에 삐져나온 선이 있는 글씨체, 한글 명조체 등). 온라인 마케팅을 할 때는 Ariel이나 Verdana 같은 산세리프체(sans-serif fonts)를 사용하지요(산세리프체: 획이 꾸밈새 없이 일정한 굵기로 쓰인 글씨체, 한글 고딕체 등). 좀 더 개인화하고 싶다면 필기체 폰트를 쓰는 것도 생각해 볼 수 있습니다.

10. 하이라이트 표시하기 — 하이라이트 표시는 현실감과 색감을 더해 줍니다. 중요한 부분을 강조하고 싶을 때 하이라이트를 사용하지요. 너무 지나치게 사용하지 않도록 주의해야 합니다(*모든 것이 강조되면 아무것도 돋보이지 않습니다*). 노란색 하이라이트는 노란색 형광펜을 사용한 것과 같은 효과를 냅니다.

11. 들여쓰기 — 문단을 바꾸어 한두 칸 여백을 둔 들여쓰기는 읽기 더 쉽게 만들며 긴 카피를 끊어 읽을 수 있도록 도와줍니다.

12. *이탤릭체 쓰기* — 단어나 짧은 문장에 강조를 주려면 이탤릭체를 사용합니다. 이탤릭체는 매우 급함과 강도를 더해 주지요. 책 제목은 항상 이탤릭체로 쓰는 것이 좋습니다.

13. 왼쪽 줄 맞추기 — 줄 또는 행이 양쪽이 잘 맞추어진 카피는
    보통 읽기가 더 어려우므로
    세일즈 레터에 사용되어서는 안 됩니다.
    그 대신 왼편은 깔끔하게 오른편은 지저분하게 만듭니다.
    이 규칙의 예외는 여러 세로단을 사용하는 광고나 소식지입니다.

14. 줄 간격 이용하기 — 이것은 카피를 읽기 쉽게 만드는 것을 최대화하는 데 아주 중요합니다. 적당한 줄 간격은 서체와 폰트 크기, 행 길이에 기초하지요. 더 읽기 쉽게 만들려면 카피의 공간이 넓은 부분에 간격을 더 넣어야 합니다.

15. 리스트 만들기 — 카피에 강조점(bullet), 숫자, 체크리스트를 포함합니다. 이것은 카피의 우선순위를 보여주며 카피에 '공기가 통하도록' 도와주는 중요한 방법입니다.

16. 개인화하기 — 개인화하기는 단순히 고객의 이름을 인사말에 넣는 것보다 고객의 반응에 커다란 걸림돌이 될 수 있기 때문에 카피 코스메틱스 전략에 있어 아주 신중해야 합니다. 증명서나 발송 팩스 형식 같은 반응 도구나 헤드라인을 개인화하는 것을 고려해 봅시다. 마지막은 항상 직접 한 서명으로 마무리하거나 파란색으로

된 서명 파일을 첨부하여 더욱 개인적인 느낌을 더합니다.

17. 사진과 삽화 넣기 — 연구에 의하면 사진과 삽화는 편지의 가장 눈에 띄는 부분 중 하나이며 고객의 관심을 높인다고 합니다. 사람들이 강렬한 사진 보는 것을 좋아하기 때문이지요. 제품을 사용하고 있는 사진이나 확대한 사진, 사용 전-후 사진, 사람, 애완동물 사진 등을 모두 고려해 볼 수 있습니다. 그리고 항상 캡션을 넣도록 합니다.

18. 음영효과(Screen Tints) — 카피의 특정한 부분에 시선을 끌려면 음영효과를 사용합니다. 음영효과를 이용하면 단색 인쇄를 할 때 다채로운 느낌을 주지요. 가장 읽기 쉽게 만들기 위해 옅은색 바탕을 사용합니다.

19. 짧은 단어, 짧은 문장, 짧은 문단 — 짧게 씁니다. 전달합니다. 충격을 줍니다. 짧은 것은 시선을 사로잡고 읽는 사람이 계속해서 읽도록 도와주며 긴 카피를 효과적으로 나눕니다.

20. 줄표(—) 이용하기 — 카피 부분들을 이어주고 구별 짓는 데 도움을 줍니다. 줄표는 사례나 체험 후기, 제품 하이라이트에 아주 유

용합니다.

21. 손으로 그린 자극을 주는 끼적인 글씨 — 일명 CopyDoodles®라고 부릅니다. 손으로 그린 자극을 주는 끼적인 글씨는 읽는 사람이 중요한 위치로 시선을 옮기도록 도와주며 수신인의 눈과 뇌에 다양함과 즐거움을 더하여 읽는 사람으로 하여금 읽는 경험이 특별하도록 만들어 줍니다.

22. 손으로 쓴 자극을 주는 여백 노트 — 이런 여백 노트는 '너에게'라는 특별한 느낌을 줍니다. 여백 노트는 카피를 재미있게 만들며 시선을 사로잡지요. 훌륭한 카피라이터들은 손으로 직접 쓴 여백 노트가 고객의 반응을 증가시킨다는 사실에 모두 동의합니다. CopyDoodles®을 사용하여 양질의 손으로 쓴 강조법을 빠르고 쉽게 추가해 봅시다.

WOW!

23. 자극을 주는 고무도장 **STAMPS** 쓰기 — 봉투나 주문 형식에 가장 즐겨 쓰는 방법입니다. 도장은 주의를 사로잡는 독특하고 유일해 보이는 겉모습을 만들도록 도와줍니다.

24. 부제 쓰기 — 부제는 긴 카피를 나누어주고 눈을 편하게 해 줍니다. 이 방법은 훑어 읽는 사람들에게 아주 효과적이며 긴 카피를 덜 부담스럽게 만듭니다. 부제는 '빵부스러기'처럼 사용되어 읽는 사람이 발신인의 카피를 읽어나가도록 유혹해야 합니다. 폰트 스타일이나 크기, 볼드체 같은 형식은 부제가 최대한 읽히기 쉽도록 도와줄 수 있는 요소들입니다.

25. 본문 상자 사용하기 — 정보의 중요한 부분으로 시선을 끄는 강력한 방법입니다. 체험 후기나 제안, 보증 내용을 본문 상자 안에 쓰도록 합니다.

26. 밑줄 표시하기 — 주요 단어나 문장을 강조할 수 있도록 도와줍니다. 항상 연결선으로 밑줄을 그어야 합니다. 이메일과 웹사이트가 눈에 띄도록 만듭니다. 다만, 읽는 사람이 산만해지고 카피의 내용으로부터 멀어질 수 있으니 밑줄 표시를 너무 자주 하지 않아야 합니다.

27. 백지 공간 사용하기 — 쉽게 읽도록 만들기 위한 필수 항목입니다. 너무 빈 공간이 많으면 가치 있는 고객을 잃을 수 있어요. 하지만 너무 공간이 없으면 내용을 읽기가 어렵지요. 헤드라인과 이미

지 주변에 의도적인 여백을 넣어 효과를 극대화합니다.

> **참고 자료**
> '카피 코스메틱스 27가지 필수 요소'의 자세한 프레젠테이션은 www.copycosmetics.com 에서 볼 수 있다.

카피 코스메틱스의 사용 효과 예 ①

고객을 불러오는 10억짜리 세일즈 레터 & 카피라이팅

카피 코스메틱스의 사용 효과 예 ②

카피 코스메틱스의 사용 효과 예 ③

SALES LETTER & COPYWRITING

단계 17.
감정을 담아 다시 작성하고, 냉정하게 편집한다!

여기서 다시 한 번 고쳐 쓸 기회가 있습니다. 이번에는 제안에 관한 예측할 수 없는 감정 부분에 중점을 둡니다.

세일즈 레터에 감정을 담는 방법

세일즈 레터를 작성할 때에는 논리적으로 보이는 상대방에게 논리적인 제안을 할 경우라도 냉철하고 어려운 이론에는 빠지지 않게 해야 합니다. 어떤 비즈니스든 어떤 가망고객이든 기존고객이든 구매하는 것은 감정이 먼저이고 그 다음에 자신의 선택을 이론으로 정당화합니다. 동료 강사이자 세일즈 트레이너와 모티베이션 강사로 유명한 지그 지글러는 이것을 '감정의 논리'라고 부르고 있습니다.

100% 기술 분야라고 하더라도 판매직에는 경직된 분석유형은 별로 없습니다. 그런 '감정이 결여된 인간'에게 판매는 무리지요. 유능한 세일즈맨은 설령 기술 분야라고 하더라도 역시 붙임성이 좋고 쉽게 친숙해지면서 열정적인 유형, '인간미가 있는 인간'인 것입니다. 이 사실은 세일즈 레터에 필요한 개성을 생각하는 데 있어서 귀중한 힌트가 됩니다.

'감정이 결여된 인간'의 세일즈 레터는 효과가 없습니다. 단순히 사실들을 늘어놓기만 하는 어프로치는 아무리 시도해 봐도 번번이 실패입니다. 세일즈 레터에는 열정적인 개성이 필요하며, 더구나 그것은 실제로 눈앞의 사람이 아니라 종이 위의 잉크가 표현하는 것이므로 발신자의 열정을 표현하기 위해서는 상당한 노력이 필요합니다. 즉, 작성할 때에는 과장된 표현처럼 보이더라도 읽을 때에는 여전히 무엇인가 부족한 느낌이 드는 경우가 많습니다.

자기 자신 그리고 가망고객이 주의를 집중할 수 있는 시간이 얼마이든 마케팅 전반에 있어서(그리고 특히 세일즈 레터의) 가장 큰 죄는 그 내용이 재미가 없다는 것입니다.

반대로 바람직한 것은 자극적, 정열적인데다가 조금은 거칠게 느껴지더라도 괜찮습니다. 자기 자신의 내면에서 정열을 끄집어내어 그것을 세일즈 레터에 쏟아 붓는다는 생각으로 작성을 해야 합니다.

이런 연습을 해 보면 도움이 될 것입니다. 불륜관계에 있는 상대방에게 편지를 쓴다고 가정하겠습니다. 그 편지에서 (여러분보다는 좀 더 고리타분하기는 하지만 한편으로는 과격한 면도 같이 갖고 있다는 점을 잘 알고 있는) 상대방에게 일주일 동안의 휴가를 내서 같이 지내자고 설득하는 것입니다. 여러분과 함께 바하마 제도로 도피여행을 하기 위해 일과 각종 굴레에서 일주일 동안 벗어날 구실을 무언가 만들어내도록, 그리고 이 여행에 동반되는 모든 위험을 각오하도록 상대방을 설득해야만 합니다. 바하마에서는 해변 바로 옆에 있는 친구 별장을 공짜로 쓸 수 있습니다.

마음껏 페이지를 활용해도 괜찮습니다. 대담하면서도 과감하고 충격적인 내용이어도 좋고, 시인처럼 로맨틱하게 써도 좋습니다. 태양, 바다, 대지, 별, 바람, 바다 냄새 같은 것들을 생생하게 묘사해도 좋습니다. 어디로 갈까? 거기에 도착하면 무엇을 할까? 편지를 쓰면서 반대의견을 예상하고 그것을 해소해 갑니다. 매우 큰 기대를 갖게 만드십시오! 상대방으로 하여금 어떤 위험을 감수하고서라도 무슨 일이 있더라도 그 여행을 함께 가고 싶게 만들어야 합니다.

부품회사의 무미건조한 경영자가 작성한
자극적인 세일즈 레터

　이 연습을 어느 직접판매방식 마케팅 세미나에서 실제로 해 본 적이 있습니다. 한 명의 남성을 제외하고는 모두가 열심히 편지를 썼습니다. 세미나가 끝난 다음 편지를 쓰지 않은 남성이 다가와서는 그 아이디어 자체가 자기한테는 문제라고 말했습니다.

　"우선 저는 38년 동안 같은 여자와 결혼생활을 하고 있습니다. 그동안 바람피운다는 생각 같은 것은 해 본 적도 없습니다. 물론 자극적인 일 따위는 아무것도 없습니다. 게다가 저는 전자부품 전문회사를 경영하고 있습니다. 전자제품 업체에 부품을 판매하고 있는 것이지요. 저의 일도 그렇고 상대방 일도 그렇고 모두가 재미가 없는 것들입니다. 서로 주고받는 대화라고는 부품번호와 관련된 것 정도이지요. 로맨스라고는 눈곱만큼도 없습니다. 그래서 이건 저한테 맞지가 않는 것 같군요."

　이 남성에게 일에 관한 것을 질문하는 동안에 이 특수한 소규모 업계는 이 회사 말고도 비슷한 회사가 열 몇 개 정도 있고, 그 회사들이 모두 같은 고객을 노리고 있다는 것을 알게 되었습니다. 참고로 말씀드리면 모두가 단조롭고도 재미없는 오래된 같은 방법으로 판매하고 있었습니다. 고객이 관심을 가질 법한 것은 단 두 가지, 가격과 납기를 준수한 납품입니다.

말씀드리기 조금 쑥스럽지만 세미나가 끝난 다음에 제가 알고 있는 조금 시끄러운 바에 이 남성을 데려가 실컷 마시게 했습니다. 그의 긴장을 풀어주고 다시 도전시켜 볼 생각이었습니다. 아직 거래가 없는 회사에 보낼 정열적이고 생생한 세일즈 레터를 생각해 내고는 한 번에 10통이나 20통이라도 괜찮으니 한 번 보내보도록 용기를 북돋아줬습니다.

남성은 2개월 뒤에 다시 찾아왔습니다. 예전의 단조롭기만 했던 소규모 업계에 마케팅 혁명을 일으켰다고 하는 자신감에 아주 기뻐하는 모습이었습니다. 그 세일즈 레터는 강렬한 분홍색 종이에 빨간색으로 인쇄하였으며 헤드라인은 다음과 같았습니다.

> 내일 기한까지
> 부품이 제대로 도착할지 안 할지 모르는
> 불안감으로부터 완전히 해방됨으로써
> 일과 후에 할 수 있는 69가지 사항

첫 단락에서는 방대한 부품을 갖추고 있다는 점, 24시간 주문을 받고 있다는 점, 항공편으로 발송한다는 점, 기한을 엄수한 납품을 보증한다는 점을 쭉 설명하고 있습니다.

전부해서 3페이지짜리 이 편지의 나머지 부분에서는 확실히 불안감으로부터 해방된 담당자가 밤에 할 수 있는 69가지 항목을 열거하고 있습니다. 재미있는 것들도 있고, 평범하면서 바람직한 것도 있고, 터무니없는 것들도 있는가 하면 약간은 '저급한' 것도 있습니다. 이 편지에는 표준부품 카탈로그가 한 부 동봉되었고, 그 표지에는 이런 쇼킹한 문구의 커다란 분홍색 스티커가 붙어 있습니다.

〈진절머리가 나기는 하지만 그래도 없으면 곤란한 것〉

그 남성은 의기양양하게 말했습니다. "소감이 어떤가요?"

여러분은 어떻게 생각하십니까? 솔직히 말해 저는 이런 세일즈 레터를 보내 세상의 웃음거리가 되었다는 식으로 말을 해오지 않을까 내심 걱정스러웠습니다. 그런데 실제로는 이 분홍색과 빨간색의 의욕이 가득한 세일즈 레터를 100통 보낸 결과, 재미있어하거나 놀라거나 한 수신인들로부터 22건의 전화가 걸려왔고, 그 가운데 18건을 신규로 수주하였으며, 그들 기업 전부와 장기간 거래하게 되었다고 합니다. 이 작전 덕분에 남성의 그 해 신규거래는 2억원을 넘었습니다.

이 남성의 사례는 특수하기는 하지만, 그 일화 자체는 세일즈 레터에 감정을 담는 것이 얼마나 중요한지를 잘 말해 주고 있습니다. 즉, 무슨 비즈니스든 무언가 자극적인 것을 찾아낼 수 있습니다. 상품이나 서비스나 그 직접적인 이점에 감정을 담아 전달하는 것이 무리라면, 그러한 것을 소유하거나 이용함으로써 얻어지는 감격 또는 그것으로 인해 절약할 수 있는 돈이나 시간을 이용해 즐길 수 있는 다른 것들을 생각해 낼 수 있을 것입니다.

　읽는 사람이 자극을 받을 만한 것들을 찾아내야 합니다! 화제는 무엇이든지 상관없습니다. 판매 스토리에 감정을 담는 방법이 반드시 있을 것입니다. 예 14에 감정을 담은 편지가 있습니다.

예 14 　감정을 쏟아부은 세일즈 레터

　　　　항상 채무상태에 있는 현실에 녹초가 되어
　　　이제는 무언가 해야 하겠다고 생각하지 않으십니까?

동지 여러분께
이 편지를 받아보시는 게 믿기지 않으시겠지만, 당신이 재정난에 빠져 있다는 사실이 <u>공공기록</u>에 실려 있기 때문입니다! "동지 여러분께"라고 말씀드린 것은 6년 전 저도 지금의 여러분과 마찬가지 입장, 즉

고객을 불러오는 10억짜리 세일즈 레터 & 카피라이팅

재정난에 빠져 있었기 때문입니다. 온통 좌절감으로 가득했습니다. 채권자들은 쉴 새 없이 닦달해 댔습니다. 피해망상에 빠져 몸과 마음 모두 황폐해졌습니다. 채무를 청산할 수 있는 날이 과연 오기는 할까 라고 생각했습니다. 전화벨이 울릴 때마다 심장이 내려앉는 기분이었 습니다.

  이러한 경험이 계기가 되어 저는 여러 연구를 하게 되었습니다. 6년 전 1년 동안 공립도서관과 법률도서관에서 경리담당자나 공인회계사, 세무사, 변호사들의 이야기를 들은 시간은 300시간이 넘습니다. 이렇 게 해서 채무상태로부터 완전히 벗어날 수 있는 아홉 가지 단계의 작 전을 생각해 내게 되었습니다. 저는 이 작전으로 채무를 완전히 청산 할 수 있었습니다. 당신도 틀림없이 잘해낼 수 있을 것입니다. 이 아 홉 가지 단계의 일부를 소개해 드리겠습니다.

1. 채권자의 재촉행위를 중단시킨다(90%정도 중단시킬 수 있습니다. 파산도 변호사도 필요 없습니다!)
3. 채권자들로부터 당신 자신과 가족의 재산을 보호한다.
5. 차입한도액과 신용조사서에 대한 '피해를 최소한도'로 하여 빨 리 재건할 수 있도록 한다.
7. 실적이 좋은 다양한 계획들 가운데서 선택해 여가나 주말을 이 용하여 매달 300~500달러의 부수입을 얻는다.

  이 정보가 있다면 이제 채권자들이 현관 앞에 와서 고함을 지르는 일은 없게 될 것입니다. 당신의 재산도 지킬 수 있습니다. 차분히 생 각할 여유가 생기고, 지급 가능한 액수로 재편할 수가 있습니다. 수중에 더 많은 돈을 확보할 수 있습니다. 지식, 경영, 자신감, 마음의 평온을 찾을 수 있습니다. 밤에 잠을 푹 주무실 수 있다면 좋지 않겠습니까? 동지 여러분, 제가 같이 하겠습니다. 고통의 터널 반대편 출구 쪽에서 제가 당신을 향해 "자, 채무지옥에서 당신이 탈출할 수 있도록 도와드리겠습니다!"라고 외치고 있습니다.

지금 바로 OOO-OOO-OOOO으로 전화만 주시면 이 아홉 가지 단계 모두를 들을 수 있습니다. 당신을 위해 특별히 제가 메시지를 녹음해 놓았습니다! 채무상태에서 탈출해 다시 재산을 축적한 저의 이야기와 이 작전이 어떻게 기능하는지 그리고 어떻게 하면 이 작전을 입수해 반드시 실현되는 방법으로 당신도 도전해 볼 수 있는지를 들어보십시오.

단, 통화는 요금이 부과됩니다. 처음 1분간은 2달러, 그다음 1분마다 1달러씩 당신의 전화요금 명세서에 표시됩니다. 채무에서 해방되기 위한 투자치고는 적은 정말 얼마 되지 않는 비용입니다!

과감하게 다듬는다

개성이나 감정을 담았다면 이번에는 문장에 대해 가차 없는 태도를 취할 차례입니다. 과감하게 다듬는다는 의미는 판매내용을 촉진하지도 않고, 강화하지도 않으며, 효과적이지 않은 말이나 표현을 모두 잘라내

는 것을 말합니다. 편지 길이를 짧게 만들기 위해 다듬는 것이 아니지요. 명쾌하게 만들기 위해 다듬었더니 결국 편지가 짧아진 것입니다.

이런 표현의 세일즈 레터가 있습니다.

> 우리 회사를 흉내 내고 있는 곳은 많이 있는데, 우리 회사 제품의 품질, 이 업계에서 8년 동안 1위의 실적, 우리 회사 보증제도에 필적할 만한 곳은 어디에도 없습니다…….

이것을 과감하게 편집하면 이렇게 바뀝니다.

> 우리 회사를 흉내를 내더라도 대적할 수 없습니다.

이렇게 다듬은 문장이 얼마나 더 신속하게 핵심을 건드리고 내용이 더 명확한지 알 수 있을 것입니다.

이 작업에는 시간이 며칠씩 걸릴 수도 있습니다. 무엇을 버리고 무엇을 남겨야 할지 판단이 서지 않을 수도 있지요. 그러면, 초안을 일단 제쳐놓았다가 시간을 두고서 다시 돌아와 더 다듬을 필요가 있습니다. 어쨌든 다듬어야 합니다!

SALES LETTER & COPYWRITING

단계 18.
초안과 샘플을 비교한다

저는 자주 스스로 작성한 초안과 좋은 샘플들을 나란히 놓고서 봅니다. 비교해서 개선해야 할 곳은 없는지 체크하기 위한 과정이지요. 이 책에는 비교해 보는 데 도움이 되는 샘플이 많이 실려 있습니다.

샘플 하나만 갖고서 비교해서는 안 됩니다. 샘플을 여러 개 준비하여 자기가 작성한 편지의 장점과 단점을 확실히 알 수 있도록 해야 합니다.

샘플 편지처럼 문장이 부드럽게 연결되어 있는지, 마찬가지로 읽는 사람을 끌어들이는 힘이 있는지, 타깃을 향해 샘플과 비슷한 수준으로 잘 어필하고 있는지, 논리가 정연한지, 이해하기 쉬운지, 읽는 상대방을 제대로 자극해서 행동을 하도록 만들 수 있는지 모두 살펴봐야 합니다.

 스스로 작성한 편지가 이 책에 나와 있는 다른 샘플들 가운데서도 눈에 띌 정도가 되기 위해서는 어떻게 하면 좋은지를 여유롭게 시간을 갖고 재검토하고, 관찰하여 깨달은 것에 기초하여 변경과 수정을 계속 해야 합니다.

SALES LETTER & COPYWRITING

단계 19.
사전 테스트를 한다

혼자서 작성한 초안을 드디어 바깥세상에 내놓고 점검을 받을 차례입니다. 사본을 만들어 뿌리고 나서 돌아오는 반응에 대비하세요!

비용을 들이지 않는 사전 테스트

5천~1만 통의 세일즈 레터를 테스트하는 데에도 큰 비용이 듭니다. 그래서 저는 사전 테스트를 (물론 비용은 일체 들이지 않고) 자주 합니다. 발송하기 전에 아직 더 수정을 가해야 할 사소한 문제를 발견하게 되면,

그 편지가 성공할지 실패할지 좀 더 잘 판단할 수 있습니다.

아주 가끔 사전 테스트 반응이 너무 안 좋아서 그 편지 전체를 없애버리고 처음부터 다시 작성하기도 했습니다. 대부분의 경우에 이 정도로 극단적이지는 않지만 그래도 개선을 할 수 있는 마지막 기회를 얻는 경우도 있습니다.

비용을 들이지 않고 세일즈 레터를 사전 테스트할 수 있는 최선의 방법들을 지금부터 소개합니다.

●●● 소리를 내서 읽는다

입을 닫고 읽든 소리를 내서 읽든 마치 말하듯이 부드럽게 '물 흐르듯이' 읽히는 것이 중요합니다. 혀가 꼬이거나 어딘가 막히는 데가 있으면 수정해야 합니다. 세일즈 레터는 술술 읽혀야 합니다.

●●● 편지의 타깃이 되는 대상의 표준이 되는 몇 명에게 읽어보게 한다

고액연봉을 받는 어느 카피라이터는 블루칼라들을 타깃으로 한 세일즈 레터를 작성하고 있습니다. 그는 항상 자기가 작성한 세일즈 레터를 근처 바에 가지고 갑니다. 그리고 그 바에 있는 사람들에게 맥주를 한턱 쏘고 나서는 그 초안을 읽어달라고 하지요. 추가로 비평이나 의견을 자유롭게 말해 달라고도 합니다. 바에 있던 사람들은 자기가 세일즈 레터 사전 테스트에 참가하고 있다는 사실을 전혀 알아차리지 못하지요. 이 비밀스럽고 신랄한 테스트는 카피라이터에게 있어서 얻는 것이 참으로 많습니다.

만약 그 편지의 상품이나 서비스를 어떻게 하면 구할 수 있는지를 물어온다면 해당 편지가 기본적인 어프로치는 괜찮다는 것을 알 수 있습니다. 평소에는 흠집을 찾아내기에 바쁜 사람들까지도 구매할 생각이 든다면 대성공이라고 할 수 있지요.

이러한 정보는 때로는 극적인 성과로 이어질 가능성이 있습니다. 어느 고객의 세일즈 레터 한 세트(짧은 편지, 컬러로 된 카탈로그, 주문서)를 소수의 전형적인 고객들에게 건넨 적이 있습니다. 보낸 세트를 모조리 다 읽게 했는데 그 뒤 엄청난 질문공세에 시달렸습니다!

긍정적인 것은 시동을 걸 원동력은 있다는 것을 알았다는 점입니다. 하지만 주문으로 이어지지 않을 가능성이 있는데도 편지로 답을 해주지 못한 의문점이 많다는 것은 큰 문제였습니다. 그래서 결국 그 모든 의문점에 대해 답을 해주는 8페이지짜리 편지를 다시 작성했습니다. 이 새로운 편지를 활용하고서부터 반응은 15% 가까이 올라갔습니다.

●●● 아이들에게 소리 내서 읽게 해 본다

아이들이 이해할 수 없는 말이나 표현이 있다면 바꾸는 것이 좋습니다. 이 수법은 벌써 수년째 사용하고 있는데 예전보다 요즘 그 중요성이

더욱 커지고 있습니다.

이런 의견에 반대하는 사람도 많다는 점은 저도 잘 알고 있습니다. "내 고객은 그런 꼬마들보다는 영리하다"고 생각하기 때문입니다. 그렇다면 〈DM뉴스〉지의 이런 기사를 어떻게 생각하십니까? 헤드라인은 "세일즈 레터를 열어보는 것은 이런 사람들이다 — 과연 읽을 수나 있을까요?" 그리고 이렇게 시작합니다.

> 2,700만 명 이상의 성인이 만족스럽게 읽을 수 없다. 더구나 4,600만 명의 성인은 일상생활에 필요한 읽기·쓰기가 만족스럽게 되지 않든지 거의 되지 않든지 둘 중의 하나이다. 이것은 성인 미국인 세 명 가운데 한 명이 현대사회에서 교양이 있다고 여겨지는 데 필요한 수준에 도달해 있지 못하다는 의미이다.

세일즈 레터의 가장 중요한 점은 자신의 고객이 읽을 수 있는지 여부입니다. 기사는 이렇게 이어집니다.

> 마케팅에 종사하는 많은 사람이 이 읽기·쓰기가 제대로 되지 않는 것이 자기 회사의 잠재고객, 특히 기업을 대상으로 한 세일즈 레터를 보낼 때에는 별다른 영향을 주지 않는다고 생각하고 있다. 한마디 충고하자면 읽기·쓰기 능력이 낮은 것은 백수들한테만 한정된 사항이 아

니다. 유감스러운 일이지만 미국의 기업들은 결원을 보충하기 위해 채용조건을 낮출 필요가 있다는 것을 인식하고 있다. 한편 읽기·쓰기 능력이 낮은 사람도 채용 시스템의 허점을 파고들어 들키지 않고 취직할 수 있는 방법을 터득하고 있다.

까다롭게 들릴지도 모르지만 최근에 확인해 본 바로는 현재 30세 이하 세대의 읽기·쓰기 능력은 현저하게 저하되어 있으며, 이해력도 부족하고 기타 연령층보다 주의력을 유지하는 시간도 짧습니다. 만약 예능 프로그램을 시청하는 층이 세일즈 레터의 타깃이라면 읽지 못하는 상대방한테 쓰는 것과 마찬가지입니다.

창조적 관점에서도 기술적 관점에서도 확실하게 작성된 세일즈 레터가 이상하게도 효과가 거의 없는 경우가 있는 것도 읽기·쓰기 능력이 부족한 층이 많아진 탓일 수도 있습니다. 이것은 최대 다수에게 어필하고자 하는 카피라이팅에 있어서 심각한 문제입니다.

사람들의 무지함을 과대평가해서 실패한 사람은 없다

이렇게 알기 쉬운 읽기·쓰기 문제를 뛰어넘어 더욱 문제가 되는 것은 제가 '교양의 함정'이라 부르는 것으로 자기 고객이 실제보다 훨씬 더 교양이 있다고 완고하게 믿는 것입니다.

이 세상에서 가장 재능이 많고 매우 숙련된 고소득 카피라이터로 〈내셔널 인콰이어러(National Enquirer)〉와 같은 가십 잡지에 게재되는 문장 위주로 된 다이렉트 리스폰스 전면광고를 제작하는 사람들이 있습니다. 그 중에는 광고 하나당 2천5백만원에서 1억원의 보수와 로열티를 받는 사람도 있습니다. 보통 이상으로 우수하지 않고서는 이 정도 보수를 받는 것은 불가능할 것입니다. 광고주도 이 정도의 금액을 지급하는 이유는 그만큼 특출한 성과가 있기 때문일 것입니다.

따라서 만약에 머리가 비상한 최고의 선생에게서 성과를 낼 수 있는 카피라이팅에 대해 배우고 싶다면, 〈내셔널 인콰이어러〉를 한 부 구해 보면 될 것입니다. 엉터리 같은 내용들로 채워진 기사는 건너뛰고 어쨌든 광고에 대해 연구를 하는 것입니다!

만약 자신의 고객은 그런 독자층들보다도 훨씬 지적이고 교양이 있다는 선입관에 얽매인다면 그 판단은 결국 비싼 대가를 치르게 될 것입니다.

첫째, 〈내셔널 인콰이어러〉의 숨은 독자가 많습니다. 발행 부수를 보면 알 수 있지요! 둘째, 고객이 누구이든 그들 역시 TV 광고를 보고 좌우되는 소비자 가운데 일부입니다. **광고라고 하는 것은 초등학교 6학**

년생의 독해수준에 맞춰 만들어지고 있습니다. 의사나 변호사, CEO라고 하더라도 모두가 같은 기본적 동기와 어필에 반응하는 인간인 법이니까요.

  키워드는 '기본'입니다. 누구를 상대로 하는 문장이든 관계없이 쉽고 간결한 것보다 더 나은 것은 없습니다. ("사람의 무지함을 지나치게 과대평가해서 실패한 사람은 한 사람도 없다"고 하는 P. T. 바넘이 남긴 말을 명심하세요. 고객의 교양을 지나치게 과대평가해서 실패한 사람은 많이 있습니다.)

SALES LETTER & COPYWRITING

단계 20.
편지를 마지막 형태로 만든다

본 게임 직전!

    드디어 편집이 완료된 초안을 컴퓨터상에서 발송할 편지 형태로 완성할 순서입니다. 그러니까 이제 남은 것은 인쇄하는 것밖에 없는 상태라고 할 수 있습니다. 이것은 '예행연습'에 해당한다고 보면 됩니다.

    이 단계에 오면 가슴이 많이 두근거립니다. 자신이 작성한 편지가 눈앞에서 하나의 완성된 형태가 되기 때문이지요!

SALES LETTER & COPYWRITING

단계 21.
그래픽 처리를 변경한다

세일즈 레터 이외의 동봉물에도 신경 쓴다

조판 담당자, 디자이너, 인쇄업자 등과 만나 자기가 생각한 그래픽 처리에 관해 이야기를 나누고 의견을 구합니다.

이 단계에서 할인권이나 증명서, 상품사진, 답신엽서 등 편지와 함께 동봉되는 다른 것들의 디자인에도 신경 써야 합니다. 무엇을 고르든지 그것이 틀림없이 자신의 의도대로 되어 있는지, 그리고 타깃에게 어필하고 있는 것인지를 확인합니다.

나중에 변경하게 되면 비용이 비싸 당황할 것입니다. 심사숙고하세요!

SALES LETTER & COPYWRITING

단계 22.
한 번 더 편집한다

이를 악물고 편집한다

아뿔사! 내가 이런 걸 쓸려고 했었지? 페이지 마지막 부분은 좀 더 아래쪽으로 왔어야 되는데 어떻게 하지? 왜 내가 이렇게 읽기 어려운 색깔을 본문에 사용했지? 이런 서체를 고르다니 도대체 내가 무슨 생각을 한 거야? 헤드라인이 다른 부분들하고 차이가 없어 전혀 눈에 띄지 않는 이유는 뭘까?

이렇게 돼서는 곤란합니다. 누구라도 현실을 부정하고 싶어지지요.

하지만 거의 완성에 가까운 이 단계에서 바꿔야만 되는 부분, 이전에 보지 못했던 부분이 눈에 띌 수 있습니다. 당황하지 말고 꾹 참고 바꾸세요. 충분히 설득력이 있는 세일즈 레터가 되어야만 합니다.

바꾸고 나면 다시 한 번 더 단계 15의 '체크리스트를 확인한다'를 수행하는 것이 효과적입니다.

SALES LETTER & COPYWRITING

단계 23.
샘플을 시험발송한다

세일즈 레터 한 세트를 자기 앞으로 발송한다

준비가 완전히 끝난 것 같습니다. 이제 인쇄만 하면 되는 거지요? 라고 묻는다면.

"아니오, 아직 그렇지 않습니다!"

여기서 동봉물까지 전부 갖춰서 가능한 한 최종모습에 가까운 샘플을 만들어 자기 자신에게 우편발송을 합니다. **이렇게 하는 목적은 일반 우편물과 함께 섞인 상태에서 받아보고, 직접 눈으로 확인하고, 손으로 만져보는 데 있습니다.**

어쩌면 불필요하게 시간만 낭비할 뿐이라고 생각될 수도 있지만, 이 단계가 후반부 단계들 중에서 가장 중요한 단계라 할 수 있습니다. 만약 우체국이 거칠게 취급해서 파손될 수 있는 크기라면 그 사실을 알게 될 것입니다. 항상 받아보고 있는 다른 우편물과 비교해 무엇이 뒤떨어지는지도 알 수 있습니다. '개인을 대상으로' 해서 보내는 느낌이 나도록 만들었는데 결국에는 다른 정크메일과 특별히 구분이 안 된다는 점을 알 수 있습니다.

편지의 내용에만 필사적으로 매달려 지나치게 시간을 들인 나머지, 실제 세일즈 레터가 되어 우편물들 사이에서 어떻게 보이게 될지는 생각해 보지도 않고 보낸 결과입니다.

따라서 시간을 할애해 샘플을 준비하고 발송해 봐야 합니다. 실제 가망고객이라면 편지를 받아보는 데 있어서 훨씬 더 냉정하겠지만 이 방법은 적어도 편지의 첫인상과 효과에 관한 '현실적인' 테스트에 가깝다고 할 수 있습니다.

SALES LETTER & COPYWRITING

단계 24.
냉정해진다

　의아스러운 생각이 들겠지만 샘플을 받아보게 되면 아무것도 하지 않는 것이 가장 좋습니다. 적어도 수일 동안 그래야 합니다. 왜 그럴까요? 조금은 냉정하고 객관적인 감정을 준비할 필요가 있기 때문입니다. 아마도 편지를 받아본 시점에서는 객관성이 상당히 결여되어 있을 것입니다.

　세일즈 레터 작성 및 수정 작업을 열심히 하면 할수록 자연스럽게 그 편지에 빠져들게 되고, 좋은 점만 눈에 띄면서 결점은 잘 보이지 않게 됩니다. 확실히 효과는 있지만 지루한 이 절차에 대해 여러분은 조바심도 날 것입니다. 그래서 3~5일 정도 머리를 식히는 것은 나쁘지 않은 과정입니다.

간혹 납기가 아주 임박할 때에는 이 단계와 후반부의 다른 단계를 몇 개 정도 생략해 버리는 경우가 있습니다. 그런 상황에서 완성한 것은 역시 결과에 부정적인 영향을 미치는 것 같습니다.

어쨌든 객관적인 판단을 되찾을 수 있는 시간적인 여유를 가질 수만 있다면 그것보다 바람직한 것은 없습니다. 시간이 된다면 반드시 시간적인 여유를 가지세요.

SALES LETTER & COPYWRITING

단계 25.
다른 사람의 의견을 듣는다

어느 일정 한도 내에서 제3자의 의견을 듣는 것을 신조로 삼고 있습니다. 이 단계의 좀 더 이른 시점에서 사전 테스트의 일부로서 이미 의견을 들었을 수도 있지요. 하지만 그 뒤로 많은 작업을 해 왔기 때문에 한 번 더 의견을 묻는다고 해서 손해 볼 것은 없습니다. 의견을 묻는 상대방은 경험이 풍부할수록 더욱 좋은 조언을 구할 수 있습니다.

전문가의 의견을 구한다

전문가란 무엇일까요? 매우 어려운 질문입니다. 자기 이외의 사람이 자격도 없으면서 의견을 제시하는 것에 대해서는 누구나 불만을 드러내지만, 자기만큼은 뭐든지 말할 자격이 있다고 누구나 생각하고 있습니다. (전체 운전면허 보유자의 70% 가까이는 자신의 운전 실력이 '평균 이상'이라고 생각하고 있다는 복수의 조사가 있습니다. 하지만 통계적으로 본다면 있을 수 없는 일입니다!) 따라서 듣게 될 의견이 부족할 일은 절대 없습니다. 하지만 공교롭게도 그 대부분은 도움이 안 될 정도라면 그나마 다행이고 최악의 것은 위험하기까지 합니다.

다이렉트 마케팅 분야에서는 많은 사람이 각자 약간의 인맥을 갖고 있습니다. 그들은 동업자나 동료들로 효과적인 피드백을 얻기 위해 아이디어, 사본, 초안 등을 갖고서 서로 의견을 나누는 데 엄청난 조언자가 되어 줍니다.

의견을 서로 나눌 수 있는 동료를 만든다

세일즈 레터를 많이 작성한다면 이러한 네트워크를 만들어둘 필요가 있습니다. 적당한 사람을 알지 못한다면 그런 사람들과 즉시 사귀도록 하세요. 지역의 다이렉트 마케팅 클럽을 찾아 모임에 참석해도 좋고, 전국이나 해당지역의 동업자 단체에서 정열적이고 진취적인 마케터를 찾아보는 것도 좋습니다. 그리고 나폴레온 힐 박사의 유명한 자기계발 서적 〈생각하라! 그러면 부자가 되리라(Think and Grow Rich)〉를 구해 '마스터 마인드 그룹' 형성과 관련된 구절을 연구해 보세요. 아마도 창조적으로 동료를 만들 수 있는 간단한 청사진을 찾을 수 있을 것입니다.

그때까지는 이 책이 여러분의 컨설턴트 역할을 해주고, 세일즈 레터에 관한 조언을 해 줄 것입니다.

SALES LETTER & COPYWRITING

단계 26.
마지막으로 재검토를 한다

자, 드디어 이것저것 변경하거나 줄이거나 하는 것도 이것이 마지막입니다. 시간을 갖고서 차분히 집중할 수 있는 장소를 찾아내 딱 한 번 더 편지를 정성스럽게 재검토해 봅시다.

SALES LETTER & COPYWRITING

단계 27.
인쇄한다

변경은 정말로 부득이한 것에 한해서만 한다

인쇄업자에게 건넵니다. 하지만 방심하면 안 됩니다. 자신의 의도대로 되어 있는지 확인해야만 합니다. 편지의 내용이 복잡하거나 부수가 대량일 때에는 스스로 나서서 주의 깊게 교정인쇄나 청사진(인쇄 직전의 필름에서 복사한 교정용; 가인쇄본)을 확인해야 합니다.

이 과정에 오기까지, 즉 완성된 데이터를 건네고 나서 인쇄 의뢰를 하고 샘플을 보기까지 변경이 가능한 사유는 두 가지입니다. 인쇄업자의 실수이거나 발주를 한 의뢰자의 실수입니다.

지금까지 설명한 재검토와 재확인을 무한히 반복한 다음이므로 단락을 통째로 고쳐 쓰게 될 가능성은 거의 없을 것입니다. 그래도 고쳐 써야 한다면 비용이 많이 들어갈 것을 각오해야만 합니다. 발주자에 의한 변경은 비용이 많이 들어가므로 고치지 않았을 때 돌이킬 수 없는 손해로 이어질 것만 같은 실수가 있을 때만 수정하도록 합니다. 이 단계에 구두점을 인용부호 안에서 밖으로 이동시키는 변경은 현명한 예산 사용이 아닙니다.

주도권을 잡는 것은 어디까지나 '자기 자신'

　그런데 인쇄업자의 실수라면 이야기는 달라집니다. 노란색으로 강조하고자 했던 부분이 거무스름한 주황색으로 처리되어 있다면 명확하게 잘못되었다는 점을 지적해야 합니다. 인쇄업자에게 설득 당해 "어쩔 수 없죠. 그걸로 됐습니다!"라는 식으로 말하지 않도록 하세요. 사진 색깔이 일정하지 않다면 한 번 더 작업을 하도록 말해야 합니다.

　의뢰자가 종이나 색깔이나 사이즈를 골랐는데도, "다른 사람들이 모두가 사용하는 이 제품을 사용하는 것이 아무래도 좋습니다!"라는 말을 인쇄업자가 한다면 불만을 제기해야 합니다. 비용을 지급하는 것은 의뢰자입니다. 주도권을 잡아야 하는 것은 바로 의뢰자이지요. 만약 편지가 기대한 대로 완성되지 않는다면 곤란해지는 것은 바로 자기 자신입니다. 생각한 대로 하세요.

당연히 인쇄업자의 실수로 인해 발생한 잘못을 수정하더라도 의뢰자는 여분의 비용은 조금도 들지 않을 것입니다. 그런데도 불구하고 인쇄가 일단 완료되면 그런 항목이 슬쩍 청구서에 끼어드는 일이 심심찮게 있습니다. 인쇄업자는 의뢰자가 제대로 주의를 기울이고 있지 않고 확인을 게을리한다고 생각하고 하는 행동입니다. 기대를 배신해서는 안 되겠지요. 제대로 확인하고 있다는 사실을 보여줘야 합니다.

SALES LETTER & COPYWRITING

단계 28.
발송한다

드디어, 작성한 편지를 세상에 내보낼 때입니다. 그러나 그 전에 잠시 시간을 들여 몇 가지 중요한 점을 돌이켜 보세요. 여기 나열한 항목의 대부분은 이전 단계에서 해결이 완료되었을 테지만 리스트 선택이나 발송방법 등을 재확인해 본다면 바꾸고 싶은 것이 생길지도 모릅니다.

특정 계층에게 보낼 때 팁

어떤 상대에게 어떻게 보낼 것인가 생각해 보아야 합니다. 누구에게나 어울리는 접근방법이란 존재하지 않습니다.

극히 제한적인 타깃에게 발송

고객이나 가망고객 리스트에서 신중하게 선별한 소수의 인원만을 대상으로 반복하여 발송하는 회사도 있습니다. 예를 들면, 사무기기 회사라면 컴퓨터를 가지고 있는 고객만을 선별하고, 관련 기기의 업그레이드나 보상판매 캠페인과 같은 특별한 제공을 할 수 있습니다.

이렇게 특화시켜 발송할 경우(대체로 많아도 1천 통까지)에는 다음의 아이디어가 도움이 될 것입니다. 잘 이용하면 반응이 크게 증가합니다.

●●● 우표를 붙인다

요금별납인 경우는 제외합니다. 기념우표까지 사용하는 프로도 있습니다. 우표라면 개인적인 느낌을 전달할 수 있지만 **요금별납 도장은 "마구잡이로 보내고 있습니다"라고 말하고 있는 듯한 느낌을 줍니다.**

●●● 봉투는 손으로 쓰는 것이 바람직하다

수신인 이름은 손으로 쓰거나 잉크젯 또는 컴퓨터로 손 글씨 느낌이

나게 만듭니다. 부득이한 경우를 제외하고는 라벨은 쓰지 않도록 합니다. 만약 사용해야 한다면 봉투에 큰 글씨로 티저 카피를 넣어 수신인이 개봉하고 싶게 만들도록 합니다.

●●● 고무도장을 이용한다

겉봉투에 '**특별 우편**', '**긴급**', '**의뢰 정보 재중**' 등 이와 같은 문구를 고무도장을 이용하여 찍으면 임팩트 있는 편지가 됩니다. 이 아이디어도 앞의 두 가지와 마찬가지로 봉투에 사적인 느낌을 주므로 스팸메일로 취급되는 것을 면할 수 있는 확률이 높습니다. 이 '제1관문'을 무사히 빠져나가면, 개봉되어 즉시 주목받을 확률이 한층 높아집니다.

●●● 우편 이외의 발송 방법을 고안한다

UPS, FEDEX, 택배업자, 웨스턴유니온 등의 배달 수단도 세일즈 레터에서 자주 쓰이는 발송 방법입니다. 비용은 들지만 빠르고 확실하면서 편지가 제대로 상대방에게 도달하여 개봉되어 읽히는 것이 보장되는 것도 당연합니다.

●●● 새로운 겉포장을 고안한다

주의를 끌기 위해 특히 부피가 큰 봉투나 쿠션형, 박스형, 튜브형의 봉투, 기타 "변형" 포장이나 봉투를 고르는 것도 한 방법입니다.

고객을 불러오는 10억짜리 세일즈 레터 & 카피라이팅

곰 인형 속에 카세트 플레이어를 넣어두고 테이프에 판매 메시지를 녹음하는 캠페인이 있었습니다. 이 인형은 택배를 사용하여 가망고객에게 배달되었습니다. 200건이 배달되어 140건의 반응이 있었고, 결국 그 광고주는 200명의 가망고객 중 50명이 넘는 상대와 거래를 성사하였습니다.

대량발송을 성공시키는 팁

기업이 우편물을 수천, 수만 때로는 수십만 통을 발송할 때가 종종 있습니다. 발송하는 양이 많아지면 '사적인 서신' 방법은 전혀 쓸 수가 없습니다. 솔직히 말하면, 이런 경우는 효과를 높일 수 있는 좋은 방법이 거의 없습니다. 물론, 가능한 한 최선의 카피라이팅을 쓰는 것 이외에는 좋은 수가 없지요. 불가피한 이런 상황에 쓸 수 있는 아이디어가 몇 가지 있습니다.

● ● ● **쓰레기통에 처박힐 수신인 이름은 쓰지 않는다**

수신인 이름이 거주자 여러분, 세일즈매니저 여러분, 고객님 등으로 적힌 우편물을 본다면 어떤 반응을 보이시겠습니까? 지극히 보통인 사람이라면, 답은 간단합니다. 쓰레기통에 버리는 것이지요. 이런 수신인 이름은 "나는 스팸메일입니다!"하고 광고하는 것과 같습니다. 비용을 좀 더 들여 진짜 실명을 쓴다면 대개 읽힐 확률이 높아집니다.

••• 봉투 바깥쪽에 강력한 티저 카피를 넣는다

우표, 실명 수신자, 기타 사적으로 보이는 것이 무리라면, 차라리 정반대 행동을 취하는 것도 좋은 방법이 됩니다. 즉, 봉투에 어떤 제안에 대한 편지라는 점을 숨기지 않고 확실히 밝혀 수신인의 주의와 관심을 끌도록 합니다.

••• 유명인을 이용하여 눈에 띄는 방법을 검토한다

물론 이것은 어떤 경우에서나 꼭 맞는 것은 아니지만 〈아메리칸 패밀리 퍼블리셔즈〉에서 에드 맥마흔을 화려하게 이용한 이유에는 그만한 이유가 있습니다. 한눈에 인지되고 신용되는 것은 물론이고 우편물에 즉시 주의를 끌 수 있기 때문입니다. 전국 또는 지역에 알맞은 유명인에게 비용을 지급하고 이름이나 사진을 봉투에 사용할 수 있습니다.

여러 가지 접근방법

타깃이 다르다면 접근방법도 달라집니다. 시간을 들여 상대를 확실히 분석하는, 즉 고객을 확실히 이해하는 것입니다. 그리고 취할 수 있는 최선의 방법을 정했다면 단호하게 실행에 옮기세요.

축하합니다! Congratulations!

이상 28가지 단계는 제가 새로운 세일즈 레터를 작성할 때마다 실행해온 바로 그 방법이며, 다이렉트 마케팅 강연이나 세미나에서도 이와 동일한 내용을 가르치고 있습니다. 저는 이것을 '기적의 순서'라고 부를 때도 있습니다.

제대로 된 교육도, 경력도, 광고업계에 종사한 경험도 없는 최소한의 작문 실력밖에 갖추어져 있지 않은 다수의 사람이 천천히 이 단계를 따라 훌륭한 성과를 이루어내는 편지를 쓰게 되는 일을 보아 왔기 때문입니다. 물론, 여러분에게도 기적이 찾아올 것입니다!

SALES LETTER & COPYWRITING

단계 29.
때로는 아웃소싱이 답이다

프로 카피라이터를 언제, 어떻게 고용해야 할까?

사업을 하다보면 인생에서 한 번 정도는 세일즈 레터를 작성하는 데 전문가에게 도움을 청할 때가 올 것입니다. 그러므로 전문가와 프리랜서 카피라이터들처럼 글 쓰는 일로 고용되는 사람들이 어떻게 일하는지에 대한 기본 지식을 가지고 있어야 합니다.

여러분의 효과적인 세일즈 레터를 위해 프로를 고용하는 것이 도움이 되는 경우 몇 가지가 있습니다.

큰 거래가 있거나 고객의 가치가 큰 경우, 우편이나 미디어에 많은 돈을 투자해야 하는 경우, 큰돈이 오가는 거래가 있을 때 고용을 결정하면 됩니다. 또한, 죽기 살기 형식의 캠페인으로 비즈니스를 시작할 때나 경쟁사가 유명 탑 카피라이터를 고용하여 치열한 경쟁 상황에 놓였을 때, 이런 상황이 모두 일어날 때 고용을 결정하면 됩니다.

현재 저의 카피라이터 업무 수수료는 보통 1억원에서 20억원 정도이고, 결과에 따라 로열티까지 붙습니다. 동네 컵케이크 가게나 작은 치과 같은 소규모 사업자는 카피라이터에게 큰 투자를 할 만한 여력은 없습니다. 그렇다고 제가 큰 회사하고만 일한다는 것은 아닙니다. 제가 주로 맡은 일의 80%는 개인사업가이거나 중소기업 또는 1년에 수억원 정도의 수익을 내는 회사가 더 큰 세일즈와 수익을 내도록 하는 데 도움을 주고 있습니다.

- 70%가 우편을 받았기 때문에 비즈니스 관계를 갱신하고 싶다고 말했습니다.
- 94%가 우편으로 받은 프로모션 제안을 사용했습니다.
- 40%가 우편을 받은 후 새로운 비즈니스를 시도하였습니다.

(DM News/PitneyBowes 설문조사)

CHAPTER 3.

광범위하게 사용할 수 있는 비즈니스 툴

최고의 세일즈 레터의 시스템을 습득하였으니 최대한으로 활용해야만 하겠지요. 이러한 세일즈 레터는 여덟 가지 사용법이 있습니다. 자신의 비즈니스용이나 고객용이나 마찬가지입니다. 지금부터 하나씩 살펴보도록 하겠습니다.

SALES LETTER & COPYWRITING

최고의 세일즈 레터의 시스템을 습득하였으니 최대한으로 활용해야만 하겠지요. 이러한 세일즈 레터는 여덟 가지 사용법이 있습니다. 자신의 비즈니스용이나 고객용이나 마찬가지입니다. 지금부터 하나씩 살펴보도록 하겠습니다.

사용법 1. 가능성이 큰 가망고객을 모집한다

전혀 알지 못하는 사람에게 전화를 걸어 판매를 한다는 것은 비용이 많이 들고, 전화를 거는 판매원의 이직률도 높습니다. 느닷없이 전화를 하는 텔레마케팅도 마찬가지로 비용이 많이 들고, 텔레오퍼레이터의 의욕도 상실합니다. 세일즈를 하는 사람들에게 필요한 것은 오직 유망한 가망고객뿐입니다! 제대로 된 세일즈 레터가 완성되어 세일즈 담당자가 활용할 수 있는 유망한 가망고객을 모으는 데 효과가 있다는 것을 알게 된다면, 관리 및 예측을 할 수 있는 최고의 가망고객 획득 시스템을 손에 쥘 수 있습니다.

물론 가망고객을 확보하는 데는 이것 이외에도 여러 가지 방법이 있습니다. 트레이드쇼나 쇼핑센터에서의 전시 판매도 효과는 있지만 단기간에 쇄도할 뿐 지속적으로 획득할 수는 없습니다. 신문이나 잡지, TV, 라디오를 이용한 광고도 가망고객 획득에 활용할 수 있습니다. 하지만 그 성과는 발신자가 통제할 수 없는 다양한 요인들, 예를 들면 요일이나 게재된 페이지, 자기 회사 광고와 내용이 대립하는 TV 프로그램 등에 의해 크게 좌우되는 일이 종종 있습니다.

예를 들면, 100통당 세 건의 가망고객 데이터를 확실히 획득할 수 있는 세일즈 레터라면 대체로 항상 같은 수준의 반응을 얻을 수 있을 것입니다. 다이렉트 메일 캠페인일 경우에는 다른 매체에 항상 존재하는 변동이라고 하는 변수에 의해 방해받는 일은 없습니다. 이 세일즈 레터에 반응하여 전화를 걸어오는 사람은 상당히 유망한 가망고객입니다!

사용법 2. 텔레마케팅을 지원한다

아웃바운드(발신업무) 텔레마케팅을 하고 있는 대다수 기업은 세일즈 레터(예 15)를 보내고 그다음에 전화로 후속조치를 하는 것이, 모르는 사람에게 갑자기 전화만 하는 것보다도 훨씬 효과가 있다는 것을 경험을 통해 알고 있습니다. 세일즈 레터는 텔레오퍼레이터가 전화를 거는 계기가 되기도 합니다. 관심이 있는 가망고객에게 전화로 이야기할 내용과 관련된 정보를 제공합니다.

이 방법은 전화를 거는 목적이 약속을 잡기든 비즈니스든 어느 쪽으로나 활용할 수 있습니다.

예 15 텔레마케팅을 지원하는 세일즈 레터

중소기업 경영자분들께만 드리는
절세 노하우에 대한 안내

고민하고 계시는 사장님들

'고민하고 계시는'이라고 말씀드린 것은 세금, 즉 급여세, 소득세,

소비세, 기타 다양한 세금 지뢰밭에 의해 틀림없이 고민하고 계실 것이기 때문입니다! 실은 매우 귀가 솔깃한 안내사항이 있습니다.

과거 6개월 동안 이곳(지명)에서 우리 회사는 164개 회사의 고정자산세를 줄이는 도움을 제공해 오고 있습니다. 환불을 받아낸 회사도 100곳이 넘습니다! 귀사에도 마찬가지로 도움을 드릴 수 있을 것입니다.

무슨 이유에서든 귀사에서 절세가 실현되지 않는다면 비용은 받지 않겠습니다.

1. 이 절세대책 서비스와 우리 회사의 기타 서비스를 안내해드립니다
2. 귀사의 재무제표의 네 가지 통계만을 보고서 절세에 도움을 드릴 수 있는지를 판단할 것입니다

이상을 진행하는 데 불과 30분 정도밖에 걸리지 않습니다.

우리 회사에서 조만간 전화를 드릴 테니 시간을 낼 수 있는 날짜와 시간을 말씀해 주십시오. 곧바로 이야기될 수 있도록 달러세이버(Dollar-Savers) 사에서 오는 전화는 연결해 달라고 안내직원이나 비서에게 한 말씀 해주시면 고맙겠습니다.

그럼 잘 부탁하겠습니다.

John Q. Dollar
달러세이버 사 사장
존 Q. 달러

추신: 반드시 기억해 두세요. 이야기를 나눌 기회를 빨리 가질수록 귀사의 세금부담 경감대책을 빨리 세울 수 있습니다.

사용법 3. 가게방문을 촉진시킨다

제가 사는 지역의 캐딜락 딜러는 적어도 한 달에 한 번씩 세일즈 레터를 보내옵니다. 편지의 내용은 무언가를 세일즈하든지 아니면 판매점에서 실시하는 이벤트 안내 같은 것들입니다(제 생각으로는 링컨 콘티넨털 차량 소유자 또는 특정 우편번호 지역에 거주하는 사람으로 리스트에 올라 있는 것 같습니다). 이러한 세일즈 레터는 가게방문을 촉진시키는 것이 목적입니다. 분명히 효과가 있어 보입니다. 그렇지 않다면 이렇게 계속해서 보내오지는 않을 것입니다. 어떠한 소매업이라도 이와 같은 어프로치를 흉내내서 활용할 수 있습니다.

이러한 세일즈 레터 캠페인을 통해 실제로 제로 상태에서 사업을 일으킨 예가 있습니다. 어느 델리카트슨* 겸 레스토랑은 가게 주변에 있는 모든 회사와 상점, 고층빌딩 안에 있는 사무실까지도 타깃으로 하여 세일즈 레터를 통해 먼저 접촉했습니다. 지금은 가지고 있지 않지만 예16과 같은 내용이었습니다.

---

* 델리카트슨: delicatessen 또는 deli 라고 표기한다. 간편하게 조리된 고기, 치즈, 샐러드, 통조림 등의 조제식품을 판매하는 식당이다.

> **예 16** 가게방문을 촉진시키는 세일즈 레터
>
> ### 공짜 점심은 있을 리가 없다고 생각하십니까?
>
> 방금 요리한 고기와 수입 치즈로 원하시는 대로 만들어드리는, 저희 가게의 크고 맛있는 샌드위치 맛을 느껴보실 수 있도록 무료로 드리고 있습니다. 순수한 초대입니다. 다른 상품을 구매하실 필요도 없습니다. 혼자서든 동료들과 함께든 상관없습니다. 찾아주십시오. 오늘부터 4월 1일까지 가게를 방문해주시는 모든 분에게 샌드위치를 하나씩 무료로 드리고 있습니다.

편지는 이어서 몇 개의 짧은 단락을 통해 그 델리카트슨 특제 샌드위치와 가게 위치, 영업시간, 사용 가능한 신용카드 등에 관해 설명하고 있었습니다.

물론 모두가 음료나 샐러드, 디저트를 따로 샀기 때문에 그러한 것들의 이익이 공짜 샌드위치의 원가 상쇄에 도움을 줬습니다. 가게 주인은 2개월 동안 이 방법으로 '단골손님을 획득하는' 것이 각종 광고로 장기간 선전하는 것보다도 빠르고 저렴하다고 계산하였는데 실제로 예상대로였습니다. 불과 300통밖에 보내지 않았는데 그동안에 편지의 거의 배나 되는 샌드위치를 공짜로 제공하고, 충분한 숫자의 고객을 기쁘게 하였으며, 그들과 재구매자들에 의해 이 작은 레스토랑은 연일 만원사례를 이루었습니다.

사용법 4. 입소문을 촉진시킨다

이는 널리 사용되고 있는 방법은 아니지만 매우 재미있는 방법이라고 생각합니다. 저는 전미, 캐나다 치과의사나 척추교정사들에게 마케팅 테크닉을 가르치고 입소문을 부채질하는 편지를 많이 고안해 왔습니다. 이러한 편지를 이용하여 대부분의 고객이 엄청난 성과를 이루고 있습니다(예 17, 18 편지를 참조하세요).

예 17 입소문을 촉진시키는 세일즈 레터 ①

댄 케네디 님

고객님 자신도 친구분도 만족하실 만한 훌륭한 방법이 떠올랐습니다.

다음 초대권을 저희 코트야드를 이용하신 적이 없는 친구 또는 동료 두 분에게 건네주신다면 감사하겠습니다. 어떤 코트야드 호텔이라도 무료로 주말 1박을 이용하실 수 있습니다. 이것이야말로 하룻밤에 친구를 얻을 수 있는 확실한 방법입니다.

그 뿐만 아닙니다. 친구분께서 이 초대권을 이용하시면 고객님께는 보답으로 1박을 반값에 이용하실 수 있는 할인권을 제공해 드립니다. 즉, 초대권이 2장이 두 번이나 이용 가능하시며, 1박을 반액으로 이용 가능하십니다.

넓은 방과 킹사이즈 침대, 자쿠지(욕조), 친절한 스텝들에 이르기까지, 저희 코트야드가 제공해 드리는 서비스 모두를 친구분과 출장차 들르신 동료분께 선물해 주시는 점 감사할 따름입니다. 이미 이용해 보신 고객님이라면 코트야드가 항상 쾌적한 휴식을 약속드린다는 점을 알고 계시기 때문입니다.

게다가 이번에는 무료로 휴식을 약속드립니다. 고객 이외의 분들에게만 이용 가능한 이 초대권은 XXXX년 12월 30일까지 유효합니다. 보답으로 보내드리는 반액 할인권은 XXXX년 4월 1일까지 사용하실 수 있습니다.

그럼, 초대권을 지금 바로 절취 후 친구분께 전해 주세요.

그런데, 질문드릴 것이 하나 있습니다. 어떤 두 분께 전해주실 예정이신가요? 즐거운 마음으로 결정하세요! 잘 부탁드리겠습니다.

마케팅 세일즈 담당부장
Brent Andras

여기서부터 절취하여 친구 두 분에게 전해 주세요.

체크인 시 이 할인권을 제시해 주십시오. 주말 1박을 무료로 이용하실 수 있습니다. 호텔 주소지 확인과 예약은 XXX-XXX-XXX로 전화 부탁드립니다.

댄 케네디 님 친구 분 한정
272543104

이용하시는 분

성명 _____

주소 _____

유효기한 XXXX년 12월 30일까지. 1회 1매만 이용 가능. XXXX년 4월 1일까지의 주말이 대상이 되며, 코트야드 스탠다드 룸을 이용하실 수 있습니다. 빈 객실 상황에 따라 달라질 수 있습니다. 기타 서비스나 할인과 중복으로 사용하실 수 없습니다. 복사된 할인권은 무효입니다.

체크인 시 이 할인권을 제시해 주십시오. 주말 1박을 무료로 이용하실 수 있습니다. 호텔 주소지 확인과 예약은 XXX-XXX-XXX로 전화 부탁드립니다.

댄 케네디 님 친구 분 한정
272543104

이용하시는 분

성명 _____

주소 _____

유효기한 XXXX년 12월 30일까지. 1회 1매만 이용 가능. XXXX년 4월 1일까지의 주말이 대상이 되며, 코트야드 스탠다드 룸을 이용하실 수 있습니다. 빈 객실 상황에 따라 달라질 수 있습니다. 기타 서비스나 할인과 중복으로 사용하실 수 없습니다. 복사된 할인권은 무효입니다.

예 18 입소문을 촉진시키는 세일즈 레터 ②

DMA 회원 여러분들께

부탁드릴 것이 있습니다. 여러분 주소록을 훑어보시고 DMA(다이렉트 마케팅 협회)의 회원으로 적합하다고 생각되는 분을 적어도 한 명 찾아 주세요.

알고 계신 바와 같이, 저희 협회에서는 새로운 회원등록 캠페인을 진행하고 있습니다. 여러분께 협력을 부탁드리는 것이 1순위라고 생각합니다. 회원 여러분은 다이렉트 마케팅 업계 내외에서 풍부한 인맥을 자랑하시기 때문입니다. 여러분이나 다이렉트 마케팅 방법을 사용하시는 각종 단체와 동업자에게 DMA가 어떠한 도움을 드릴 수 있을지는 이미 알고 계시는 대로입니다.

DMA 회원이 되면 이득이 된다고 생각은 하지만 어떠한 이유로 협회의 활동내용을 잘 알지 못하시는 분이 분명 주위에 계실 것이라 생각합니다. 게다가, 만약 여러분 업계의 분들이 어느 정도 인원이 모인다면 저희 협회도 여러분에게 더욱더 많은 서비스를 제공해 드릴 수 있습니다.

소개해 주시는 분의 주소, 성함, 전화번호를 보내주시면 감사하겠습니다. DMA 가입 권유를 연내에 실행하고 싶습니다.

소개자 성함을 기입하는 용지를 동봉해 보내드렸습니다. 또한 저희가 실제로 연락을 취할 때 그분의 성함으로 불러드려도 될지도 알려주세요. 용지에 선택지 체크박스가 있으므로 알맞은 칸에 체크해 주시면 됩니다. 물론, 희망하시는 분만 적으셔도 됩니다.

바쁘신 와중에 폐를 끼쳐 죄송합니다만, 협력 부탁드립니다. 소개자분의 연락과 조기 회원등록을 기다리고 있겠습니다.

잘 부탁드립니다.

회원촉진부 담당부장
Michael Faulkner

추신: 현재 다이렉트 마케팅과 관련되지 않거나 한정적으로만 이용하시는 분들이 있을 지도 모릅니다. 이 업계의 성장과 더불어, 그러한 분들이야말로 저희 협회의 서비스를 가장 필요로 하는 분들입니다.

사용법 5. 현재의 고객과 과거의 고객에게 신상품과 새로운 서비스를 알린다

지금까지 컨설팅해 주었던 모든 비즈니스, 규모의 크고 작음, 지역 기업 또는 국제적 기업, 기업 상대 또는 소비자 상대, 유형의 상품 또는 무형의 서비스에 상관없이 모두에게 공통된 점이 한 가지 있다면, 그것은 자기 회사 고객의 데이터 리스트를 모두가 충분히 활용하지 않고 있다는 점입니다(그런 리스트조차 없는 기업도 있습니다!).

제가 세일즈 레터를 활용해 거의 모든 업계의 매출을 신장시키고 있는 것은 극히 단순한 전제와 단순한 수법에 기초하고 있기 때문입니다. 먼저 그 전제란 이렇습니다. 자기 회사를 알고 있는, 호감을 갖고 있는, 신뢰해 주는 기존고객에게 더 구매하게 하는 것이 신규고객을 늘리는 것보다 훨씬 쉽다는 점입니다. 첫 판매가 가장 어렵습니다. 일단 한 번 구매한 고객은 또다시 구매할 가능성이 큽니다.

방법은 이렇습니다. 모든 고객에게 매달 빠짐없이 새로운 세일즈 레터를 보내 신제품이나 새로운 서비스를 안내하는 것입니다.

그런데 이때 주의해야 하는 것은 만약 어떤 상품이나 서비스가 그 고객에게 있어서 참신한 것이라면 그것은 정말로 새로운 것이라고 할 수 있습니다. 병원이나 의원에 다양한 상품을 판매하고 있는 고객이 있습니다. 우리는 그 고객이 갖고 있는 고객 리스트를 분석하여 구매상품 별로 분류하였습니다. 100종류나 되는 상품을 판매하고 있지만 대부분의 병·의원에서는 단지 서너 종류만 구매하고 있었습니다.

그래서 단일상품에 대한 세일즈 레터를 몇 종류 작성하여 그 상품을 아직 구매하지 않은 사람들에게 보냈습니다. 상품 A를 구매한 고객에게는 아직 구매하지 않은 상품 B에 대한 세일즈 레터를 보냅니다. 이미 상품 B를 사용하고 아직 상품 A를 구매한 적이 없는 고객에게는 상품 A에 대한 세일즈 레터를 보냈지요. 이 세일즈 레터에는 일관되게 2~3%의 주문이 있었으며, 한 통당 평균 1천원의 이윤을 남기고 있습니다.

한 번 생각해 보세요! 만약 세일즈 레터를 한 통 보낼 때마다 1천원의 이익을 확실하게 얻을 수가 있다면 어떻게 하시겠습니까? 그야 두말할 필요도 없이 최대한 많이 보내려고 할 것입니다!

사용법 6. 통신판매에 이용한다

통신판매는 그 자체가 상당히 큰 주제이기 때문에 여기에서는 일일이 언급할 수는 없습니다. 단, 여기서 지적해 두고 싶은 사항이 있습니다. 그것은 통신판매회사가 아니더라도 그 대부분이 오로지 세일즈 레터만으로 판매를 늘릴 수가 있다는 점입니다.

앞서 '베이거스 월드' 호텔이 세일즈 레터를 이용해 '휴가 패키지'를 판매한 사례를 소개해 드렸습니다.

만약 고정고객이 있다면 정기적으로 세일즈 레터를 보내 다시 주문하게 하거나 추가구매를 서두르도록 하는 방법이 있을 것입니다.

'평범한 가게'가 세일즈 레터를 활용해 판매한 것이 예 19입니다.

예 19 평범한 가게가 통신판매에 이용한 세일즈 레터

고객님께

올여름 딱 맞는 신제품
강력 진드기 제거 샴푸를 50% 할인

평소 보여주신 사랑에 진심으로 감사드립니다! 이번에 애견케어제품 회사의 특별협찬을 받아 '대감사' 특별 세일을 제때 해드릴 수 있게 되었습니다.

   동봉한 팸플릿에 DOG CARE사의 신제품인 '강력 진드기 제거 샴푸'와 '진드기 예방 목걸이'에 대한 상세한 설명이 있습니다. 애견과 가족을 위해서도 앞으로 몇 주 후면 시작될 진드기의 계절 여름에 대비하여 이 두 제품을 꼭 이용해 보십시오. 지금 구매하시면 500cc 샴푸 한 개와 목줄 한 개가 반값인 9달러 95센트 할인! 즉, 계산하시는 것은 9달러 95센트밖에 안 됩니다. 주문은 우편이나 전화로 가능합니다. 결제는 비자카드나 마스터카드도 사용하실 수 있습니다. 주문하신 상품은 저희 가게에서 보관했다가 자택까지 무료배송 해 드립니다!

지금 바로 XXX-XXXX으로 전화 주십시오.

Pet Food Superstore 점원 일동!

고객을 불러오는 10억짜리 세일즈 레터 & 카피라이팅

사용법 7. 구매한 다음에 안심하도록 만들어 환불을 줄인다

 세일즈맨은 '구매자의 후회'에 아주 익숙합니다. 충동구매를 하고 2~3일이 지나고 나서 구매한 것을 후회하기 시작하는 사람들은 항상 있습니다. 상품이 생각했던 것과는 달라서일 수도 있고, 문제는 상품이 아니라 돈을 써버렸다고 하는 것과 크게 관계가 있을 수도 있습니다. 이유가 무엇이든 '구매자의 후회'는 환불을 요청해 오기도 합니다.

 구매한 다음날 축하하는 것을 중점으로 작성한 세일즈 레터를 보냄으로써 그 판매를 확실히 완성할 수 있습니다.
 예 20은 그러한 편지의 예입니다. 케이블 TV를 통해 판매한 자기계발 프로그램을 사후 터치(구매 후 다시 언급해 주는 것)하는 것이지요. 상품과는 별도로 이 편지를 보냄으로써 반품이 눈에 띄게 줄었습니다. 구매자의 후회가 생길 수 있는 모든 종류의 상품, 서비스, 거래에도 같은 유형의 편지가 도움이 될 것입니다.

예 20 구매자의 후회를 방지하는 세일즈 레터

다시 인사드리겠습니다!

　아마도 지금쯤은 'Think And Grow Rich Success System'에 푹 빠져 계실 것입니다. 그래서 개인적으로 격려의 말씀을 드리면서 게다가 특별한 과제에 도전해 보시길 바라는 마음에서 편지를 드립니다.
　먼저 다시 한 번 강조합니다. 지금 당신은 현존하는 이런 종류의 프로그램들 가운데서는 실로 최고의 것을 갖고 계십니다. 테이프를 (예를 들면 통근시간에) 반복해서 들음으로써 인생에게 크게 성공하는 데 필요한 생각, 마음가짐, 신념에 무의식중에 동화되어 갈 것입니다! 그리고 지정한 대로 텍스트를 통해 배우고 기타 교재를 이용함으로써 이 성공원리를 습득하여 나폴레온 힐 박사의 훌륭한 성공비결을 그만큼 빨리 이해하게 될 것입니다!

　더구나 당신을 위해 특별히 준비한 특전인 'Think and Grow Rich'의 사업 보고서도 읽어보시고, 거기에 딸린 테이프도 들어보실 것을 강력히 추천합니다. 당신의 꿈이 제로 상태에서 비즈니스로 성공하는 것이든, 잘되고 있는 비즈니스를 사들이는 것이든, 프랜차이즈 가맹점을 여는 것이든, 지금 하는 사업을 더 효과적으로 성장시키는 것이든 상관없이 지금 당장 활용할 수 있는 실천적인 기본정보들이 이 몇 가지 보고서에 실려 있습니다. 자신을 창업가라고는 아직 생각하시지 않더라도 '승자그룹 전략'에 관한 보고서에 있는 가이드라인이 앞으로 나아가는 데 반드시 도움을 줄 것입니다. 그리고 '재무를 장악한다'는 제목의 보고서만으로도 이 프로그램 회원가입비 전액의 가치가 있을 것입니다.

  이것들 모두를 통해 당신이 인생에서 승리하기 위한 성공철학을 배울 수 있습니다. 따라서 저의 코치께서 항상 이야기했듯이 지금 당신이 해야 할 것은 오직 실행하는 것뿐입니다! 그래서 오늘 당신과 함께 생각해 보고자 했던 두 번째 사항을 말씀드리겠습니다. 그것은 <u>그만두고 싶은 충동</u>에 대해서입니다.

  이 'Think And Grow Rich Success System'은 성공의 원리를 가능한 한 쉽게 수료할 수 있도록 매우 잘 설계되어 있습니다. 하지만 당신의 의욕과 끈질긴 노력도 반드시 필요합니다.

  살아오면서 이런 이야기를 많이 들었던 기억이 있을 것입니다. "금방 포기하는 사람은 절대로 이길 수 없다. 승자는 절대 포기하지 않는다." 그런데 만약 그렇다면 지금부터 제가 드리는 말에 깜짝 놀라실 수도 있습니다. 사람은 누구나 금방 포기하는 의지박약한 존재입니다! 이 사실을 빨리 깨달으면 깨달을수록 좋습니다. 그렇게 되면 그것을 극복하는 일에 재빨리 뛰어들 수 있기 때문이지요.

  제가 그만뒀을 때의 이야기를 해보겠습니다.

  그것은 제가 미식축구를 은퇴하기 전 해, 1977~1978 시즌 중의 일이었습니다. 그 전 시즌에서 제가 쿼터백을 맡았던 바이킹스는 세 번째 슈퍼볼을 놓쳐버렸습니다. 친정인 미네소타 팬들은 타켄튼(저의 이름) 따위는 이제 필요 없다고 판결을 내렸습니다. 길거리에서도 레스토랑에서도 오직 그 이야기만을 하려고 저한테 다가오는 것이었습니다!

다음 시즌 세 번째 게임은 템파베이 버커니어스 전이었습니다. 당시 이 팀은 아직 창단 2년째의 미숙한 팀으로 이전 시즌에서는 단 1승도 거두지 못했습니다. 그런 팀이 적진 미네소타에서 강호 바이킹스와 싸우게 된 것인데, 세상에! 바이킹스는 제4쿼터에서 그만 지고 말았습니다!

강호 바이킹스는 팀이 약간 노쇠한 상태였습니다. 우리는 고전했습니다. 그 제4쿼터에서 경기장의 4만 7천 명의 관중이 모두 다 일어나서 저에게 야유를 퍼부어댔습니다. 그 날의 일을 결코 잊을 수가 없습니다. 뉴욕 자이언츠에서 경기한 마지막 시즌인 1971년에도 엄청난 야유를 받은 적이 있었지만 바이킹스 팬들 모두가 저를 잘라내라고 큰소리를 질러대면서 요구한 이번만큼 상처를 입지는 않았습니다. 그 날은 시합이 끝나자 그때까지의 인생에서 가장 낙담하면서 자기혐오에 빠지게 되었습니다.

다음날 아침 코치인 버드 그란트의 사무실로 가서 이렇게 말했습니다. "애틀랜타 집에 돌아가겠습니다. 이제 다시는 여기에 돌아오지 않을 것입니다." 이렇게 해서 저는 시즌 세 번째 게임이 끝난 뒤에 그만두려고 했던 것입니다.

다음날 버드가 애틀랜타 집으로 전화를 걸어왔습니다. 저는 말했습니다. "잘 생각해 보았지만 역시 그만두겠습니다."

버드는 이렇게 말했습니다. "프란, 자네가 돌아와서 경기를 다시 할 수 있게 만드는 주문이라도 있다면 좋겠지만, 그런 것은 있을 리가 없지. 단지 이것만은 알아두게. 자네가 돌아오지 않는다면 올해 플레이오프 진출 가능성은 없어지고 만다는 것을 말이야."

이 말에 저는 손을 들고 말았습니다!

저는 마음속으로 자신을 질책했습니다. "이 제멋대로인 놈아! 44명의 팀 동료들을 내팽개치다니. 노장 팅글호프와 마샬이 서로 어깨를 두들겨가면서 힘을 내고 있잖아. 이젠 나이가 먹어서 힘도 별로 없는데도 아직도 노력하고 있어. 그런데 너란 놈은 야유 한 번 받았다고 내빼다니 그 두 사람을 내팽개치기라도 할 생각인 거야?"

수화기를 놓자마자 짐을 꾸려서 미니애폴리스로 돌아가는 첫 비행기를 타고서 아무에게도 아무런 말도 하지 않았습니다. 평소대로 수요일 연습에 나갔습니다. 대부분의 사람은 제가 한 번 그만뒀다는 것을 알지 못했습니다.

중요한 것은 승자라도 때로는 그만두고 싶어 하는 평범한 인간이지만, 그 기분에 대처하는 방법이 몸에 배어 있다는 점입니다. 'Think And Grow Rich'는 말하자면 그러한 것입니다.

왜 저는 당신에게 이런 이야기를 할까요?

당신에게도 그만두고 싶어지는 경우가 있을 수도 있기 때문입니다. 얼마 동안 테이프를 들어봐도 생활에 아무런 기적도 일어나지 않아서 그만둘까 생각할 수도 있습니다. 아무래도 최근에는 '즉석효과'를 중요시하는 쪽으로 지나치게 편향되는 경향이 있습니다. 무언가 새로운 사업을 시작해서 힘든 경우에 봉착하면 그만두고 싶어질지도 모릅니다. 이것은 꼭 알아두셔야 하는 사항인데 때때로 그만두고 싶어지는 마음만으로는 아무런 문제도 없습니다. 실제로 그만둬 버리지 않는 이상!

저는 당신이 이 성공철학 'Think And Grow Rich'를 배우고 실행하시기를 진심으로 바라고 있습니다! 그래서 다음의 간단한 과제와 포상에 대해 알려드리고자 합니다.

이 'Think And Grow Rich Success System'으로부터 당신이 배운 아주 도움이 되었다고 생각되는 아이디어를 25개 뽑아서 언제든지 편할 때 보내주십시오. 그 아이디어가 당신에게 어떻게 도움이 되었는지에 대해 들려주십시오. 그러면 우리는 액자에 아주 잘 어울리는 '수료증명서'를 보내드리겠습니다. 여기에는 나폴레온 힐 박사의 사진과 박사의 유명한 "원하고 믿는다면 이룰 수 있다"라는 말, 저의 사진과 싸인, 그리고 나폴레온 힐 재단 이사장인 W. 클래맨트 스톤 씨의 서명이 들어가 있습니다.

언젠가 이 멋진 수료증명서를 자택이든 직장이든 눈에 띄는 곳에 당당하게 걸어놓고 항상 바라보면서, 당신이 생각하거나 믿거나 할 수 있는 것이라면 그것이 무엇이든 상관없이 당신은 실현할 수 있다는 것을 떠올릴 수 있기를 바라는 바입니다!

마지막으로 이 검증이 완료된 실적이 높은 자기계발과 자기실현 프로그램에 투자하신 것을 다시 한 번 축하합니다. 실제로 큰 성공을 바라는 사람은 얼마든지 있지만, 당신처럼 자발적으로 행동으로 옮기려는 사람은 훨씬 적은 법입니다.

진심을 담아!

Fran Tarketon

추신: 발행자가 특별선물로 준 25% 할인권을 두 장 동봉했습니다. 'Think And Grow Rich Business Report'의 다른 프로그램을 구매하는 데 각각 사용할 수 있습니다. 저에게 있어서 성공이란 매일 매일의 과제이며, 좋아지기 위해 항상 계속해서 배우는 것입니다. 그러므로 이렇게 우수한 다른 프로그램을 당신의 성공장서 가운데 하나로 반드시 추가하셔야 할 것입니다.

사용법 8. 공사 구분 없이
모든 종류의 통신문이나 커뮤니케이션에 활용한다

우리는 인생의 대부분을 판매하는 데 보내고 있습니다! 자기 자신이나 자신의 생각을 상사, 부하, 동료, 주주, 업자, 기타 많은 사람에게 날마다 판매하지 않으면 안 됩니다. 실제 설득하려는 생각 없이 이뤄지는 커뮤니케이션은 거의 없을 정도입니다.

상대방이 고객이든 업자이든 또는 주주, 은행, 자녀의 학교 교장선생님, 때로는 자기가 사는 지역의 국회의원이든 그 사람들에게 편지를 쓴다는 것은 적어도 하나의 견해 또는 좀 더 알기 쉬운 무언가를 판매하고자 하기 때문입니다.

그런 이유에서 이 시스템의 원리는 모든 유형의 설득 커뮤니케이션에도 응용할 수가 있습니다. 연구와 실천을 거듭하여 얻은 것이므로 이 테크닉을 적용하면 훨씬 더 효과적인 커뮤니케이션이 가능해 질 것입니다.

CHAPTER 4.

10억짜리 세일즈 레터의 비결
— '연속'과 '반복'의 효력

많은 마케터가 범하기 쉬운 가장 큰 실수의 하나가 '단 한 번의 발송'밖에 하지 않는다는 점입니다. 다시 말하면 영향을 주기에는 반복이 필요하다는 것입니다. 다만 광고 업계에서 자주 하는 터무니없이 느긋하고 여유만만하게 조금씩 반복하는 식의 비용이 많이 들어가는 방법은 하지 않도록 해야 합니다.

SALES LETTER & COPYWRITING

기간을 설정해 집중적으로 시도한다

많은 마케터가 범하기 쉬운 가장 큰 실수의 하나가 '단 한 번의 발송' 밖에 하지 않는다는 점입니다.

다시 말하면 영향을 주기에는 반복이 필요하다는 것입니다. 다만 광고업계에서 자주 하는 터무니없이 느긋하고 여유만만하게 조금씩 반복하는 식의 비용이 많이 들어가는 방법은 하지 않도록 해야 합니다. 그 성과란 시장점유율 동향이나 브랜드 인지도를 장기간에 걸쳐 평가하는 것 외에는 없습니다. 이와는 반대로 제가 자주 시도하는 방법은 45일에서 60일 동안의 기간을 설정해 치열하게 공세를 펼침으로써 상당수의 반응을 끌어내는 것은 물론이고, 브랜드 또는 메시지에 대해 신속히 인지하도록 만들 수가 있습니다.

이 장에서는 이미 유명한 어느 이탈리안 레스토랑의 체인점을 위해 제가 작성한 일련의 세일즈 레터를 게재하였습니다(예 21, 22). 약 20년 동안 저의 세미나에서 항상 소개하고 400만 명 이상의 사람에게 보여준 편지입니다. 오랫동안 이 '편지 샘플'은 399달러 이상 하는 나의 '마그네틱 마케팅 시스템(Magnetic Marketing System)'에서만 볼 수 있었습니다.

이 편지는 이 책에서 소개한 많은 수법을 활용하고 있는 것은 물론이고, 수차례 연속해서 보내는 세일즈 레터를 어떻게 꾸며야 좋은지도 보여줍니다. 이 편지 샘플을 읽고서 다음의 간단한 질문에 대답해 보세요. 이 편지를 받아 가정에서 조르지오 가게가 화제가 되지 않는 곳이 한 집이라도 있을까요?

예 21 조르지오 레스토랑의 세일즈 레터 제1탄

XXXX년 4월 16일

조르지오가 남편분들에게 드리는 극비 편지

— 조르지오 이탈리안 레스토랑 로맨스 디렉터로부터

"그녀는 기다리고 있을지도 모릅니다. 기대하고 있을지도 모릅니다. 결코 자기 것이 될 수 없을 수도 있는 것을. 하지만 기다리고 있는 동안에는 부드럽게 대해 주십시오…"

[주의를 끄는 헤드라인과 사진]

기혼 남성 여러분께

[문제 제기]

여성은 우리 남성들과는 다릅니다. (다르기 때문에 만세!) 당신이 사랑하는 부인에게는 **특별한 배려**가 필요합니다. 좀 더 관심을 가져주길 바라고 있으며, 그리고 그런 대접을 받을 권리가 있습니다. 아마도 당신이 생각한 것보다 더 빈번하게 필요할 것입니다.

고객을 불러오는 10억짜리 세일즈 레터 & 카피라이팅

당신은 바쁜 데다가 일 때문에 머리가 터질 지경일 것입니다. 매일 사무실에서 얼굴을 맞대야만 하는 그 바보 같은 친구 때문에 화도 많이 나겠지요. 녹초가 되어 '로맨틱한 기분' 같은 것은 생각할 시간도 에너지도 있을 리가 없습니다(결혼한 커플들의 2/3가 이혼을 하고, 이혼 이야기를 꺼내는 여성들의 첫 번째 이유가 바로 "이제 관심을 가져주지 않기 때문에"라고 말을 합니다).

> 문제를 부추긴다

친구인 당신을 위해 제가 **해결책**을 준비해 놓았습니다!
이 편지는 공인 로맨스 디렉터인 저 조르지오가 창의성을 최대한 발휘하여 만든 황홀한 저녁시간을 당신에게 약속드리는 것입니다!

> 구원의 손길 해결책

저희 레스토랑 조르지오를 '소중한 분'과 둘이서 방문하시면, 특별 다이닝룸으로 안내해 드립니다. 불빛은 촛불과 난로의 불길뿐. 그리고 항구에 가득한 저녁노을과 밤하늘의 별들을 즐기실 수 있습니다! (예약하실 때 난로 옆 테이블, 창가 테이블 가운데 등 선택해 주십시오. **반드시 원하시는 곳으로 해드리겠습니다!**)

> 오감에 호소하는 생생한 색채가 있는 문장

이렇게 느긋한 분위기의 마치 영화 속 별장 같은 다이닝룸에는 가족 동반이나 아이들로 인한 소란스러움은 전혀 없습니다. 은은한 무드의 음악, 차분한 분위기로 가득 채워져 있습니다. 무언가에 쫓기는 듯 분주하고 시끄러운, 엎치락뒤치락 바쁘기 그지없는 현실에서 벗어난 장소입니다.

테이블 위에 놓인 크리스털 꽃병에는 싱싱한 붉은 장미를 사모님을 위해 준비해 두었습니다(장미와 꽃병은 댁에 가져가시면 됩니다).

> **실제로 눈으로 보고 냄새를 맡고 맛을 보는 것처럼!**

저녁식사는 두 분이 황홀해지는 것들뿐입니다. 만약 저희 가게가 자랑하는 요리를 원하신다면, 메인은 입안에서 살살 녹는 부드러운 송아지 고기, 그 밑에는 아주 가는 면발의 파스타에 맛있기 그지없는 페스토 소스를 곁들여서… 이 밖에도 다섯 종류의 맛있는 메인 요리를 준비해 놓고 있습니다.

디저트도 좋아하시는 것을 고르실 수 있습니다.

그리고 에스프레소.

마지막으로 맛있는 젤라또가 들어간 초콜릿 네 개를 넣은 하트 모양의 상자를 사모님에게 짜자잔~~ 선물로!

자, 이걸로 그야말로 만족스러운 잊을 수 없는 저녁시간이 될 수 있겠지요?

이 조르지오가 **보증합니다**.

> **한정된 숫자**

이 초특별 '로맨틱 디너'를 준비할 수 있는 것은 매일 밤 12쌍 한정이기 때문에 가능한 한 일찍 전화로 예약해 주십시오. 저 조르지오에게 정오부터 밤 10시 사이에 말씀해 주십시오(또는 점심시간에 들러주십시오). 찾아오셔서 이 로맨스 계획을 직접 결정하십시오. 라운지에 있는 짙은 파란색의 턱시도를 맨 잘생긴 친구가 바로 저 조르지오입니다!

지시를 기다리고 있겠습니다. 두 분의 매혹적인 밤을 위하여!

조르지오

추산: 요금이 궁금하십니까? 설명해 드린 '로맨틱 디너' 전 코스 2인분, 전부 합해 불과 59달러 95센트입니다. 만약 비자, 마스터 카드, 아메리칸 익스프레스 등을 통해 미리 계산하시길 원한다면 그것도 가능합니다. 찾아오신 밤에 계산하느라 수고하실 필요도 없을 것입니다.

솔직히 말씀드리면 채권회수업에서 빌려온 아이디어입니다. 예를 들면 이 조르지오 레스토랑의 편지는 자주 볼 수 있는 일련의 독촉장의 첫 번째 통지, 두 번째 통지, 세 번째 통지를 그대로 흉내 낸 것이지요. 그런데 이 수법을 알고 있는 혹은 사용할 수 있는 마케터는 그야말로 극소수에 지나지 않습니다. 따라서 이것은 진정한 의미에서의 비결이라고 할 수 있습니다.

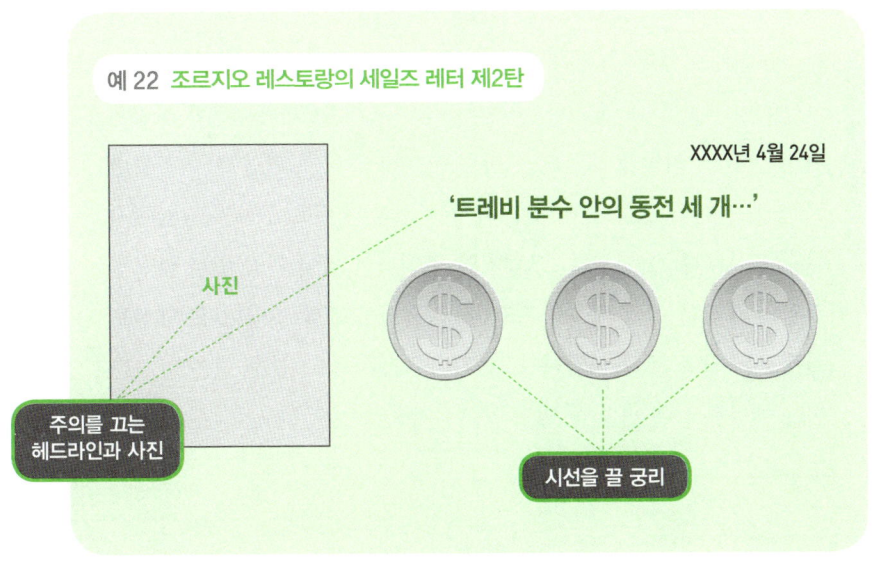

기혼 남성 여러분께

보시는 바와 같이 이 편지에는 반짝이는 1센트짜리 동전 세 개가 붙어 있습니다. 여기에는 그 이유가 크게 두 가지 있습니다. 하나는 당신의 주의를 단 한 순간만이라도 끌기 위해서입니다. 두 번째는 그 멋지고 낭만적인 노래 '사랑의 분수'를 한 번 떠올려 보시는 데 도움을 드리기 위해서입니다.

> **문제 제기**

그렇습니다. 이것은 이탈리안 레스토랑 '조르지오'의 로맨스 디렉터인 저 조르지오가 보내드리는 두 번째 로맨스 경종입니다! 저의 종은 울리고 있습니다. 당신의 종은 울리고 있습니까?

> **문제를 부추긴다**

밖에서는 스트레스로 가득하고 바빠서 눈이 핑핑 돌 것만 같고, 힘든 일만 가득해서 녹초가 됩니다. 그리고 모든 감각이 온통 마비될 것만 같은 에너지 소모전이 계속되는 하루하루를 보내고 계실 것입니다. 충분히 이해합니다. 왜냐하면 저도 경영하는 사람이기 때문이지요(게다가 남편이기도 합니다. 아름다운 와이프 이사벨라와 결혼한 지 25년이 됐습니다). 이렇게 싸움의 연속인 하루가 끝나게 되면 누구나 곧바로 집에 돌아가 문을 걸어 잠그고서는 소파에 푹 고꾸라지고 싶어지는 것도 무리는 아닙니다. **그렇지만 로맨틱한 일이 가끔 있지 않으면 정열의 불꽃은 점점 사그라지고 결국은 꺼지고 말 것입니다. 당신도 실제로는 알고 계실 것입니다.** 하지만 로맨틱한 기분을 연출할 시간이나 에너지 같은 건 남아 있지 않으시지요?

저 조르지오가 도와드리겠습니다!

그런데 당신과 사모님을 위해 아주 로맨틱하고 기억에 남을 저녁시간을 연출하는 제안을 한 지난번 편지를 보내드리고 나서 아무런 연락도 없으신 것에 대해 저는 매우 유감스럽게 생각하고 있습니다. 그래서 또다시 이렇게 편지를 드립니다. **이번에는 좀 더 훌륭한 안내사항**, 초특급 특별 서비스입니다.

불과 59달러 95센트로 지난번에 알려드린 로맨틱 '디너 2인분' 전부(이 편지 마지막 부분에 리스트가 있습니다), **게다가 풀 옵션의 하얀 '스트레치' 리무진을 자택까지 보내 두 분의 왕자님과 공주님을 모셔오**고, 멋진 저녁시간을 보내신 다음에는 다시 댁까지 모셔다 드릴 것입니다! (사모님의 황홀해하시는 모습을 상상해 보십시오. 현관을 나서면 차고로 향하는 게 아니라 턱시도 차림의 운전기사가 다가와 사모님을 위해 리무진 문을 열어드립니다!)

| 아주 매력적인 제안! |

이 제안을 거절하신다면, 음! 그건 아마도 당신의 가슴속에 로맨스가 눈곱만큼도 없는 걸까요? 물론 그럴 리야 없겠지요?

저 조르지오에게 지금 바로 전화 주십시오! 두 분을 위해 황홀한 밤을 준비해 놓고 있겠습니다!

언제나 마음에 노래가 있는 남자

조르지오

깜짝 놀랄 정도로 저렴한 59달러 95센트로 아래의 모든 것들을 즐기실 수 있습니다.

비결 — 연속된 세일즈 레터를 작성한다

'고급스러운' 것을 '고급스러운' 사람에게 판매하고 있는 사람은 금방 이런 것은 절대로 사용할 수 없다고 당연하게 주장할 것입니다. 하지만 그건 큰 착각입니다. 스타일과 구성을 별개로 하면 됩니다. 유머가 풍부한 스타일은 중역실에서 중역들을 상대로 10억원짜리 컴퓨터 시스템을 판매하든, 일반 사람들을 상대로 거실에서 카펫 청소를 판매하든 반드시 도움이 됩니다.

게다가 이 구성이 예외 없이 효과적이라는 것은 이미 검증이 완료된 상태입니다. 두 번째와 세 번째 편지에서 얻어지는 반응의 합이 첫 번째 편지의 반응의 두 배가 되는 일은 자주 있습니다. 때로는 더 많은 반응이 오기도 합니다.

저는 이것을 저의 '10억짜리 비결'이라 부르고 있습니다. 세일즈 레터를 단지 많이 작성하는 것이 아니라 **일련의 연속된** 세일즈 레터를 만드는 것이야말로 제가 젊어서 일찌감치 평생 쓰고도 남을 큰돈을 벌고, 고객들에게 엄청난 이익을 안겨다준 유일한 아이디어이기 때문입니다. 비결이라고는 하지만 그리 대단한 것은 아닙니다.

CHAPTER 5.
하이테크 세일즈 레터

우리 모두 카피의 중요성을 알고 있습니다. 그리고 잘 만들어진 세일즈 레터가 세일즈를 촉진시킬 수 있고 새 고객을 끌어올 수 있으며 고객들이 구매를 더 할 수 있도록 격려한다는 것 또한 알고 있습니다. 세일즈 레터를 온라인으로 읽고 읽지 않고를 떠나서 말이지요.

SALES LETTER & COPYWRITING

현재는 온라인 미디어를 이용한 세일즈가 주된 방법입니다. 그래서 이 장에서는 조언을 줄 수 있는 인터넷 마케팅과 웹 카피를 소개해 드립니다. 그에 앞서 경고해 드릴 것이 두 가지가 있습니다.

첫째, 가장 신뢰할 수 있는 마케팅 툴인 오프라인으로 전달되는 세일즈 레터를 온라인 미디어 때문에 포기하고 싶은 유혹을 뿌리치는 것입니다. 솔직히 이것은 아주 게으르고 멍청한 일입니다. 대부분의 비즈니스에서 최고의 전략은 온라인과 오프라인의 통합입니다.

둘째, 다른 미디어에 어울리지 않는 판매규칙을 스스로 바꾼다고 생각하지 마세요. 판매규칙은 바뀌지 않습니다. 오프라인 세일즈 레터를 이루는 똑같은 구성요소가 TV 광고나 다른 모든 제품 광고와 마찬가지로 온라인 세일즈 레터에도 똑같이 적용됩니다. 물론, 아주 미묘한 차이는 있지만 세일즈 카피의 결과를 만드는 기본원리를 버리는 것은 커다란 실수입니다.

온라인으로 판매할 수 있는
세일즈 레터 작성하기

우리 모두 카피의 중요성을 알고 있습니다. 그리고 잘 만들어진 세일즈 레터가 세일즈를 촉진시킬 수 있고 새 고객을 끌어올 수 있으며 고객들이 구매를 더 할 수 있도록 격려한다는 것 또한 알고 있습니다. 세일즈 레터를 온라인으로 읽고 읽지 않고를 떠나서 말이지요.

그러나 온라인 고객이 오프라인 고객과 다른 점을 주의 깊게 생각해 본다면 우리가 원하는 행동을 고객이 취할 수 있도록 만들 가능성을 훨씬 높일 수 있습니다. 고객이 웹사이트 창을 닫고 다시는 방문하지 않기 전에 말이지요.

온라인의 무수한 메시지 속에서 큰 이익을 줄 수 있는 것이 작은 디테일입니다. 설득력 있는 글쓰기의 기초가 우편 광고 같은 오프라인 형식에 적용되는 것처럼 온라인에도 적용됩니다.

차이점은 고객이 처음 여러분의 세일즈 레터를 읽을 때의 의도와 상태에 달렸습니다.

잠시 멈추고 생각해보세요.

우편을 가지러 우편함에 걸어갑니다. 우편을 들고 집에 들어가 문을 닫고 우편물을 정리하며 하나씩 살펴봅니다. 잡지, 카탈로그. 청구서, 우편 광고……

엇, 잠시만요. 이 우편물 중 하나가 여러분의 눈에 띕니다. 그 봉투는 마치 직접 이야기를 하는 것 같습니다!

그래서 그 우편을 집어 거실로 가서 소파에 앉아 봉투를 열고 내용을 읽기 시작합니다. 현재 아주 여유로운 상태입니다. 이 우편이 읽을 만한 가치가 있다고 결정을 내렸습니다. 방해하는 것은 아무것도 없습니다. 거실에는 이 우편과 단 둘뿐입니다.

자, 이제 책상 앞에 앉았다고 생각해보세요.

오늘 주식이 어떤지 확인하고, 친한 친구에게서 온 이메일을 읽으며, 곧 다가오는 휴가를 위한 좋은 가격의 항공권이 있나 살펴봅니다.

여러분은 지금 굉장히 활동적입니다. 그리고 과업지향적인 사람입니다. 그리고 이메일 수신함과 인터넷의 수많은 배너와 링크들이 클릭해 달라고 애원하며 눈앞에서 반짝이고 있습니다.

그때 눈에 띄는 광고가 보입니다. 클릭을 하니 바로 세일즈 레터가 뜹니다. 벌써 마음이 급해집니다. 지금 이 순간 인터넷으로 해야 할 일이 너무 많습니다. 여기에 여러분에게 정말로 필요한 것이 있을까요?

오, 이것 보세요. 익스피디아(Expedia: 미국의 유명한 온라인 항공 여행 웹사이트)에서 항공권 세일을 합니다.

클릭! 벌써 그 세일즈 레터 페이지를 떠났습니다. 그리고 세일즈 레터 페이지로 다시 돌아가지 않을 것입니다.

설득력 있는 세일즈 레터 쓰기의 기초가 똑같이 적용하는 것이 맞는 말이지만, 그와 동시에 온라인 세일즈 레터를 쓸 때 주의를 기울여야 할 아주 중요한 차이점이 있습니다.

지금부터 여러분이 쓰는 모든 온라인 세일즈 레터의 결과를 개선할 5가지 최고의 팁을 설명해 드리겠습니다.

Web Writer 팁 #1 : 상대를 알라

더 자세히 말해 대상 고객이 어떻게 온라인 세일즈 레터를 보게 될지 알아야 합니다. 그렇습니다. 나이, 성별 또는 고객의 주된 욕구나 두려움을 말하는 것이 아닙니다. 여러분이 세일즈 레터를 쓰는 사람이라면 이 점에 대해 이미 알고 있어야 합니다.

그러니까 여러분의 대상 고객이 어떻게 온라인 세일즈 레터를 찾았는가를 말하는 것입니다.

고객이 구글에서 특정한 것을 검색하고 있다가 여러분의 웹사이트를 찾았습니까? 아니면 문제를 해결해 준다는 "클릭 한 번마다 돈을 버세요" 광고를 클릭했습니까? 아니면 여러분이 개인적으로 보낸 이메일을 통해 세일즈 레터 페이지로 넘어왔습니까?

여기서 중요한 것은 고객이 여러분의 세일즈 레터를 찾은 것이 스스로 문제 해결 방법을 검색하고 있었는가 그렇지 않은가 혹은 여러분이 고객의 문제점을 이미 파악하고 해결해 주겠다고 했는가를 생각해 보아야 하는 것입니다. 그 결과가 고객에게 어떤 방식으로 다가가는가에 영향을 미칠 것입니다.

만약 고객이 문제 해결 방법을 찾다가 여러분의 세일즈 레터를 발견했다는 것은 고객이 당장 도움을 받을 수 있는지를 알고 싶다는 것입니다. 발신인이 자기에게 무엇을 제공할 수 있는지 알고 싶어 할 것입니다.

그러나 만약 이메일의 경우처럼 고객을 세일즈 레터 페이지로 이끈 경우라면, 고객은 이미 발신인이 도움을 줄 것이라고 알고는 있지만, 도움을 준다는 증거와 자기가 왜 페이지를 꺼버리지 말아야 하는지 설득해 주기를 기다리는 것입니다.

이것을 생각하면서 상대에 맞게 레터를 써보세요. 또한 온라인 세일즈 레터를 쓰는 가장 큰 장점 중 하나가 필요한 만큼 다양한 버전을 사용할 수 있다는 것 또한 기억하세요.

Web Writer 팁 #2: 큰 혜택을 잘 보이도록 앞에 놓아라

마스터 세일즈맨 일레 윌러 씨는 이렇게 말했습니다. "스테이크를 팔지 마라. 지글지글 거리는 소리를 팔아라!" 이 말을 아마 백만 번도 더 들어보셨을 것입니다. 특성(feature)을 이용해 팔지 말고 혜택(benefit)을 이용해 팔라는 것입니다. 우리가 모두 제대로 이해했는지 확인하기 위해 간단한 예를 하나 들겠습니다.

한 고객이 여름 전까지 9kg을 감량하도록 도와줄 다이어트 프로그램을 온라인에서 찾고 있다고 가정합시다. 세일즈 레터를 작성할 때에는 그 여성이 매일 먹을 7가지 특허약을 포함한 프로그램에 대해 카피를 쓰는 것이 아닙니다. 나중에 여러분이 언급할 특성 중 하나이지만 이 고객은 솔직히 말해 그 특성에 대해 크게 신경 쓰지 않습니다. 여러분이 집중해야 할 부분은 9kg을 빼는 것이 그 여성에게 무엇을 해 줄 수 있는지입니다. 그 여성이 어떻게 느끼게 해 줄 것인지 말입니다. 그 여성은 자신 있게 비키니를 입을 수 있을 것이며, 해변을 걸을 때 많은 사람의 시선을 끌 것입니다. 그것이 바로 다이어트 프로그램의 혜택인 것입니다.

혜택을 판매하는 것이 대부분의 카피라이터들이 제일 먼저 배우는 것 중 하나이고, 효과적인 세일즈 레터의 가장 중요한 요소입니다. 온라인 세일즈 레터에서도 똑같이 이 요소가 중요하지만, 이 혜택을 어디에 두는지가 다릅니다. 온라인에서 레터를 읽는 사람들은 보통 성격이 급하며 쉽게 산만해 집니다. "폴더 위"에 무엇이 보이는가에 주의를 기울여야 하는데 "폴더 위"란 웹사이트에서 스크롤 바를 내리지 않은 상태에 먼저 보이는 부분을 말합니다. 온라인 세일즈 레터를 쓸 때 그 부분에 가장 큰 혜택을 보이게 하세요.

오프라인 세일즈 레터의 경우, 고객이 레터를 읽기 위해 자리에 한번 앉으면 처음 두 페이지는 다 읽을 수 있도록 하기가 쉽지만 온라인은 경우가 다릅니다. 몇 문단 안에 고객을 붙잡아 다른 것을 클릭하지 않도록 설득해야 하기 때문입니다. 그러므로 여러분이 제안하는 혜택이 무엇인지 고객이 바로 알 수 있도록 확실히 보여줘야 합니다.

Web Writer 팁 #3:
레이아웃과 디자인에 주목하라

이 팁은 아주 사소한 팁을 하나로 모은 것입니다. 오직 한 가지의 목표를 가진 효과적인 웹 디자인 만들기 특강이라고 보시면 됩니다. 웹페이지를 최대한 읽기 쉽게 만들기가 바로 우리의 목표입니다.

고객이 레터를 끝까지 읽기 전에 다른 페이지가 뜰 수 있는데 그 이유는 여러 가지가 있습니다. 이것이 괴물의 근성입니다. 바로 인터넷이지요.

전에 언급한 것을 기억하세요. 고객이 소파에 앉아 있는 것이 아닙니다. 여유를 부리고 있는 것이 아닙니다. 편지를 읽어야겠다고 다짐한 것이 아닙니다. 무엇이든 고객을 산만하게 할 수 있고 페이지가 뜨도록 만들 수도 있습니다. 그렇기 때문에 고객이 끝까지 주목하고 행동을 취하도록 유도해야만 합니다.

이제 특강을 들을 준비가 되셨습니까? 시작하겠습니다.

- 1. 집중을 방해하는 모든 것은 없애버리세요. 필요 없는 링크는 삭제해 버리세요. 핵심은 이것입니다. 고객이 행동을 취하는 데 도움이 안 되면 없애버리세요.
- 2. 세일즈 레터를 한 세로단에 쓰세요. 이것은 여러 번 테스트되었으며, 읽기 쉽다고 증명되었습니다. 즉, 고객의 집중을 제어하기가 더 효과적이라는 말입니다.
- 3. 세로단의 너비에 신경을 쓰세요. 너비가 넓을수록 읽기가 더 힘듭니다. 너비가 너무 넓으면 행의 첫 단어에서 다음 행으로 읽기까지 눈이 피곤하다는 말이니, 레터 양면의 여백을 늘여서 세로단을 좁게 만드세요.
- 4. 누구나 읽을 수 있을 정도의 폰트 크기를 정하세요.
- 5. 디자이너가 색깔이 있는 폰트나 반대색깔(검은 바탕에 하얀 글씨)을 사용하라고 할 때 현혹되지 마세요. "쿨해 보인다."라고 생각할지 모르나 고객이 세일즈 레터를 쉽게 읽을 수 있어야 합니다. 하얀 바탕에 검은 글씨를 쓰세요.
- 6. 짧은 단어와 문단을 사용하세요. 너무 어려워 보이지 않을 뿐더러 온라인에서 읽고 이해하기가 훨씬 쉽습니다.
- 7. 부제와 강조점(Bullets)을 자주 이용하여 혜택을 강조하면서 쓰세요. 이 팁은 온라인과 오프라인 세일즈 레터에 모두 적용이 되나 온라인 레터에 더욱 필요합니다.

온라인에서 세일즈 레터를 읽는 사람들은 성격이 급하다는 것을 기억하세요. 또한 제대로 읽기보다는 훑어보기만 하는 사람이 더 많습니다. 그렇기 때문에 이 사람들이 행동을 취하도록 이끌 때까지 계속해서 시선을 사로잡으세요.

보너스 팁: 다음에 온라인 세일즈 레터를 쓸 때 이 팁을 체크리스트로 사용하세요!

Web Writer 팁 #4:
콜투액션(Call-to-Action)에 각별히 주의를 기울여라

축하합니다! 고객이 레터를 끝까지 읽을 수 있도록 잘 붙잡아 두셨습니다. 이제 지금까지 여러분이 유도한 행동을 고객이 택하도록 만들어야 합니다.

고객이 무엇을 하기 원하는지는 미리 알고 있어야 하지만, 어떻게 질문을 던지는가도 중요합니다.

여기서 단어 선택이 문제입니다. 구체적이어야 하기 때문에 먼저 구매를 하는 과정에서 고객이 어디에 있을지 생각해 보세요.

- 고객이 구매할 준비가 되어 있습니까? "지금 구매"를 클릭하도록 만드세요.
- 고객이 이벤트에 등록하려고 합니까? "지금 등록"하라고 말하세요.
- 고객이 아직 망설입니까? "장바구니에 담기"를 클릭하게 한 다음 고객이 구매 전에 페이지를 닫으려고 한다면 재확인하도록 하면 됩니다.

제 요점은 고객이 택하고자 하는 행동에 대해 제대로 생각해서 구체적이고 간결하게 그 메시지를 전하라는 것입니다.

마지막으로 이메일 본문에 이렇게 콜투액션을 삽입하세요.

지금 주문해서 20만원을 아끼세요!

이런 이미지와 함께 삽입하시면 됩니다.

> **지금 주문해서 20만원을 아끼세요!**

온라인 고객이 단어를 하나하나 읽든지 훑어보든지 상관없이 쉽게 행동을 취할 수 있도록 무엇이든 하세요. 만약 고객이 레터를 끝까지 읽는다면 긍정적인 행동을 취할 확률이 높습니다.

Web Writer 팁 #5:
수정하고, 테스트하고, 반복하라

온라인에 있는 것은 항상 변화합니다. 그렇기 때문에 온라인 세일즈 레터는 최종 원고가 있을 수 없습니다. 다행히도 새 인쇄물을 뽑기 위해 비용을 지급해야 할 필요 없이 쉽게 수정할 수 있기 때문에 언제든지 여러분의 세일즈 레터에 다양한 요소를 테스트해 볼 수 있습니다.

무엇을 수정해야 할지 모르겠다구요? 스스로에게 이 질문을 해 보세요.

- 고객을 여러분의 세일즈 레터로 이끄는 새로운 방법은 무엇입니까? "클릭 구매"나 소셜 미디어 캠페인을 새로 시행하셨습니까?
- 고객의 새로운 필요나 욕구는 무엇입니까? 다시 말해, 고객들이 찾는 것은 무엇입니까?
- 여러분의 웹사이트나 다른 웹사이트에 있는 페이지 중 전과 다르게 여러분의 세일즈 레터로 연결해주는 페이지가 있습니까?

세일즈 레터를 운동선수라고 생각해 보세요. 여러분은 지금 그 운동선수를 더 크게, 더 잘하게, 더 빠르게 만들려고 노력 중입니다. 그래서 훈련 방법을 바꿔보기도 하고 보충제를 더 먹게도 합니다. 실력이 더 좋아졌나요? 좋습니다, 또 무엇을 할 수 있을까요?

 참고 자료

이제 여러분은 저의 세일즈 레터 시스템을 확보하였습니다. 그러나 이것은 똑똑하고 정교하게 입증된, 돈을 버는 '광고, 마케팅, 세일즈, 성공의 차고'에 있는 하나의 연장도구일 뿐이므로 여러분이 스스로 사용해보길 권장합니다. 그리고 모든 것이 무료인 이 차고에서 여러분도 함께 '놀아본' 후 이 책이 우리의 비즈니스 관계를 끝낼 것인지 시작할 것인지 판단하길 바랍니다.

여러분은 Glazer-Kenndy's Insider's Circle 멤버십을 무료로 체험해 볼 수 있는데 이 멤버십에는 빠르게 진행되는 사업 개발 웹 세미나의 시리즈인 No B.S. Marketing Letter와 다른 온라인 자료가 포함되어 있습니다. 출판사의 가격 가치로 따겼을 때 총 500달러가 넘는 자료가 여러분을 기다리고 있습니다. 이것은 무료입니다. 선물을 챙기고 시범 멤버십을 활성화시키거나 더 많은 정보를 찾고 싶다면 다음 웹사이트에 접속하세요.
www.dankenndy.com/salesletter/gifts

댄 케네디의 다른 책들
No B.S. Series

No B.S. Business Success in the New Economy. Enterpreneur Press, Irvine, CA, 2009.

No B.S. Sales Success in the New Economy. Enterpreneur Press, Irvine, CA, 2009.

No B.S. Wealth Attraction in the New Economy. Enterpreneur Press, Irvine, CA, 2010.

No B.S. Marketing to the Affluent. Entrepreneur Press, Irvine, CA, 2008.

No B.S. Ruthles Management of People & Profits. Entrepreneur Press, Irvine, CA, 2008.

No B.S. Time Management for Enterpreneurs. Entrepreneur Press, Irvine, CA, 2004.

Marketing Them Believe: The 21 Principles and Lost Secrets of Dr. J. R. Brinkley-Style Marketing, with Chip Kessler. Glazer-Kennedy Publishing, New York, NY, 2010.

Uncensored Sales Strategies, with Sydney Biddle Barrows. Entrepreneur Press, Irvine, CA, 2009.

Make 'Em Laugh & Take Thier Money: On Using Humor as a Speaker, Writer or Sales Proffesional. Glazer-Kennedy Publishing, New York, NY, 2010.

The New Psycho-Cybernetics, with Dr. Maxwell Maltz. Prentice-Hall, Upper Saddle River, NJ, 2012.

www.NoBSBooks.com

이 책에서 만난 전문가들의 자료

케이티 이클(Katie Yeakle)

www.awaionline.com

American Writers & Artists (AWAI)는 전문 프리랜스 카피라이터들은 물론 자기 회사를 위해 편지를 쓰는 인하우스(in-house) 카피라이터들을 위한 다양한 온라인 과정과 재택 과정, 트레이닝, 코칭, 온라인 지원 커뮤니티를 제공합니다.

AWAI는 또한 전문 카피라이터나 카피라이팅 코치가 필요한 사업가와 카피라이터들의 중계자가 되어줍니다.

마이크 카푸지(Mike Capuzzi)

CopyDoodles®

마이크는 CopyDoodles®의 발명가/계발자일 뿐 아니라 능력 있는 카피라이터이자 마케팅 컨설턴트이며, 광고와 마케팅 주제의 다이내믹한 강연자입니다. 마이크에 대한 정보는 www.copydoodles.com 에서 확인할 수 있습니다. 이 책 독자를 위한 특별 선물과 CopyDoodles®에 대한 내용은 www.copycosmetics.com에서 확인할 수 있습니다.

레베카 마터(Rebecca Matter)

Wealthy Web Writer

Wealthy Web Write의 웹사이트는 더 나은 웹카피, 더 많은 수익을 버는 웹카피를 쓰는 방법에 대한 기사, 노하우 비디오, 온라인 트레이닝 비디오를 제공합니다. 온라인 세일즈 레터에서 웹사이트, 이메일, 블로그, 소셜미디어 등 모든 것에 대한 것을 이곳에서 찾을 수 있을 것입니다. www.wealthywebwriter.com/dankennedy에서 더 자세한 내용을 확인하세요.

웹사이트에 접속하면 여러분의 대화를 즉시 개발시킬 여러분의 웹사이트를 위한 11가지 변화에 대한 단계별 비디오를 무료로 등록할 수 있을 것입니다.

〈600만 자영업자/마케팅/세일즈맨 필독서 시리즈〉

고객의 마음을 사로잡는 감성칭찬 화법
감성설득

고객을 단박에 내 편으로 만들고
싶지 않으십니까?
감성설득 화법!!!

책 목차

1장: 감성이익전달화법　5장: 감성질문화법
3장: 감성관심유도화법　6장: 감성여성공략화법
4장: 감성소개설득화법　7장: 감성경청법

송감찬 지음 | 16,000원

저자의 4000회 이상의 강의에서 검증된
고객설득의 비밀 대공개
(7명의 실사례 해법)

⟨600만 자영업자/마케팅/세일즈맨 필독서 시리즈⟩

콜드콜링

고객에게 NO라는 말을 듣지 않는 전화 토크의 요령!

요시노 마유미 지음 | 안양동 옮김 | 16,000원

머니위닝게임

**부자 되는 15가지 방법,
10만원으로 40억 부자 되기**

임준범 지음 | 김창수 감수 | 14,800원

실패율 0%
Sales 인간관계 Lesson 50

신입 세일즈맨 필독서

홀 베커 지음 | 안양동 옮김 | 15,000원

〈600만 자영업자/마케팅/세일즈맨 필독서 시리즈〉

모임의 기술

**단지 5명으로 하는
세미나 영업방법**

엔도 아키라 지음 | 안양동 옮김 | 16,000원

VIP 금융영업
개척으로 승부하라

시장개척방법과 VIP 시장 공략법

김창수 지음 | 13,000원

내 인생을 바꾸는
60가지 시크릿

성공적인 인생을 만드는 60가지 비밀

존 디마티니 지음 | 안양동 옮김 | 14,000원

고객을 불러오는 10억짜리 세일즈 레터 & 카피라이팅
600만 자영업자/마케팅/세일즈맨 필독서

초판 1쇄 발행 | 2014년 12월 18일

지은이 | 댄 케네디(Dan S. Kennedy) **번역** | 안양동 서지현
기획편집총괄 | 호혜정
편집 | 호혜정 김민지
표지·본문 디자인 | design Bbook 김민정
교정·교열 | 호혜정 김민지

펴낸곳 | 리텍 콘텐츠
발행인 | 김창수
출판등록 | 2011년 6월 28일 제 2011-000200호
주소 | 서울시 용산구 새창로 217 용산토투밸리 4층 405호
전화 | 02-2051-0311 **팩스** | 02-6280-0371
홈페이지 | http://www.ritec.co.kr
블로그 금융항아리 | http://blog.naver.com/ritec1
카카오스토리
 부(富)의지혜 | https://story.kakao.com/ch/ritecontents
 책속의처세 | https://story.kakao.com/ch/bookwisdom
ISBN | 979-11-86151-00-6 (13320)

· 잘못된 책은 서점에서 바꾸어 드립니다.
· 책값은 뒤표지에 있습니다.
· 이 책의 내용을 재사용하려면 사전에 저작권자와 리텍콘텐츠의 동의를 받아야 합니다.

* 이 도서의 국립중앙도서관 출판예정도서목록(CIP)은 서지정보유통지원시스템
  홈페이지(http://seoji.nl.go.kr)와 국가자료공동목록시스템
  (http://www.nl.go.kr/kolisnet)에서 이용하실 수 있습니다.(CIP제어번호: CIP2014033370)

(고객을 불러오는 10억짜리) 세일즈 레터 & 카피라이팅 / 지은이: 댄 케네디 ; 번역: 안양동, 서지현.
 — 서울 : 리텍콘텐츠, 2014   p. ;   cm

ISBN 979-11-86151-00-6 13320 : ₩16000

영업 전략[營業戰略]
마케팅[marketing]

325.5-KDC5
658.81-DDC21   CIP2014033370